KYOTO
UNIVERSITY
PRESS

朴 一 功

哲学の話

学術選書 086

京都大学
学術出版会

?◉!

哲学の話◉目次

目次 i

読者のみなさんへ

この本は、哲学についてお話しするものです。哲学に関心のある人に、ぜひ聞いてもらいたいと思う話をしていますが、それだけでなく、哲学にあまり興味がないような人にも、あるいは、哲学のことを知りたいけど、ちょっとむずかしそうで気乗りがしないというような人にも、聞いてもらいたいと思う話をしています。

第一話から第八話まであります。あいだに一つ、「ちょっと長い間奏」を挟んでいます。一応、順々に話を進めていますが、どこから読んでくださってもかまいません。飛ばし読みも差し支えありません。退屈に感じたり、読みづらかったりするようなところは、どんどん飛ばしてください。

この本は全体として、哲学の姿を描き出そうとしています。少しでも霧が晴れて、そうか、そうだったのか、と知っていただければ、著者としてはたいへんうれしく思います。

第一話　哲学とは何か――はじめの始まり

1 なぜ問われるのか

哲学って何ですか？　哲学ってむずかしそうですね。哲学はどんな役に立つのですか？　こういった質問がよくあります。どう答えればよいのでしょうか。今、私は三つの文章をならべました。いちばん肝心なのは、哲学って何ですか、という疑問です。これがはっきりしなければ、哲学がむずかしいかどうかもわかりません。またどんな役に立つのかもわからないでしょう。哲学の中身を問いただす質問、「何であるか」という問いは最も重要なものです。

ここではこのかたちの問いについて少し考えてみたいのですが、その前に、他の学問と違って、哲学の場合、そもそもなぜこのような質問が出されるのでしょうか。「哲学」という名前に問題があるのかもしれません。けれども、必ずしもそうではありません。質問をする人たちは哲学についてまったく何も知らないというわけではなく、少なくとも、「哲学」という言葉は知っており、「哲学」や「哲学者」についても、漠然とではあっても何らかのイメージをもっているはずです。そうでなければ、質問すらなされないでしょう。その場合、たいていは、大学で学ぶような哲学や哲学者が念頭にあるように思います。たとえば、プラトンの哲学とか、ニーチェの哲学とか、あるいは、ソクラテスのような哲学者とか、カントのような哲学者とか、いろいろですが、一言でいえば、哲学の歴史に登場するような哲学や哲学者たちです。私もこの本で一般的なことを述べるときには、こうした意味で「哲学」や「哲学者」という言葉をごく普通に、気楽に使います。

むしろ、いわゆる哲学関係の本や哲学的な議論に接して最初に感じるのは、哲学がむずかしそうだといった印象とか、役に立つのかといった疑問のほうです。つまり、何を言っているのかわからない、ただ理屈をこね回しているだけではないか、こんな議論に何の意味があるのか、こういった思いがあって、ここからそもそも哲学とは何なのかという疑問が生まれてくるのではないでしょうか。ここで、むずかしそうだ、といった印象は必ずしも私たちを哲学から遠ざけるものではありません。

たとえば、数学や物理学はとてもむずかしい。しかしこれらに人はあまり文句を言わないでしょう。なぜなら、これらが私たちの生活において役立っていることは明らかだからです。電車が走り、飛行機が飛び、テレビが映り、携帯電話が鳴る、これらは数学や物理学などの成果です。それに対して、哲学の成果は何でしょう。目に見えないものでしょうか。意外に思われるかもしれませんが、実は、飛行機なども広い意味での哲学の成果なのです。なぜなら、かつて物理学は哲学の一部門だったからです。一部門どころか、哲学の本体と言えるほどの時代があったのです。数学も哲学の一つと見られていました。こうした事情については、別の機会にお話ししたいと思います（第五話8参照）。

ともあれ、現在、飛行機は哲学の成果などとは考えられていません。では、その成果とはいったい何でしょう。これがはっきりしないように見えます。はっきりしないうえに、哲学はややこしくてむずかしい、となれば、哲学とは何なのかという疑問や疑念は、当然、高まってきます。しかし問題は、むずかしさではありません。テレビや携帯電話の構造を知らなくても、あるいは電子工学を理解できなくても、私たちはテレビを楽しみ、携帯電話を活用できます。哲学についてはこのようなことは言えそうにありません。哲学の細かな議論を知らなくても、私たちが享受しうる哲学の成果はあるのでしょうか。いったい哲学は何を生み出し、何の役に立つのでしょうか。

話を戻します。先ほど、「何であるか」の問いは最も重要だと言いました。ところが、この問いはどのような答えを求めるものなのでしょうか。少し考えてみる必要があります。これは、私たちが知らない言葉に出会ったときに発せられる問いとは性質が異なっています。知らない言葉なら、辞書を調べればわかります。むしろ問題となっているのは、辞書に載っていない意味なのです。どういうことかと言えば、私たちがふだん使っており、その意味もある程度知っている言葉、あるいは熟知している言葉について、あえて問いが発せられる場合のことです。私たちは「教育」という言葉を知っています。そして使いなれてもいます。にもかかわらず、しばしば「教育とは何か」という問いが出されます。この時、『広辞苑』に書かれているような「教え育てること」といった辞書的な意味が求められているわけではありません。そのような文字通りの、一般的な意味なら、問い手はすでに知っているのです。

2 辞書的意味をこえて

それなら、「教育とは何か」という、このような問いは何を問題にしているのでしょうか。あるいは、問い手は何を求めているのでしょうか。この問いかけの背後には、問い手が教育において直面している何らかの解きがたい困難があると考えられます。この問いは途方に暮れるような状況から発せられており、問い手が求めているのは、教育のもっと本質的なところでしょう。たとえば、「教育とは愛情である」といった答えです。これは、教育において何より大切なのは愛情だ、教育を成り立たせているのは愛情だ、というような主張です。あるいは、「教育とは技術である」という答え方をすることもできます。これは愛情よりも技術の方がもっと大事だ、という見解です。こうした見解は辞書には載っていません。辞書を引いても、「教育」のところに「愛情」や「技術」などと記されてはいません。「愛情」や「技術」は教育の意味というより、教育の重要な要素、あるいは不可欠な条件を述べようとしたものでしょう。

しかし、教育の意味を明らかにする定義を求めるとすれば、教育それ自体が何であるかを示さなければなりません。「教育とは愛情である」とか、「教育とは技術である」といった答えは、愛情や技術の重要性を強調するものであっても、教育そのものの意味を明らかにする定義としては不十分です。

愛情にもいろいろな愛情があり、技術にもいろいろな技術があるからです。たとえばプラトン（前四二七―三四七）は、「教育とは人間のもつ学び知る器官の向け変えの技術である」と言っています（『国家』第七巻518D）。単に知識を詰め込むのではなく、人間の知性を暗がりから光へと、虚妄から真実へと向け変える技術です。これは教えることの本質を言い表わそうとしたものです。このような定義はほかにも考えられるでしょう。答えはさまざまです。どれが正しいのでしょうか。どれも正しいように見えます。求められているのは、教育の重要な点に触れているだけでなく、その内実を明らかにすることによって、私たちの曇った視界を開いてくれるような定義、立ちはだかる困難を解いてくれるような定義です。

これは単に「教育」といった言葉だけに限りません。私たちが問題にしている「哲学」についても辞書ではいろいろと説明されています。実際に、いくつか見てみましょう。まずは、『広辞苑』（岩波書店）です。そこでは最初に「哲学」が英語の philosophy の訳語であると言われ（訳語成立の経緯については、「ちょっと長い間奏」であらためて取り上げます）、第一の意味として、哲学について次のような説明がなされています。

物事を根本原理から統一的に把握・理解しようとする学問。古代ギリシアでは学問一般を意味し、近代における諸科学の分化・独立によって、新カント派・論理実証主義・現象学など諸科学の基礎づけを目ざす学問、生の哲学・実存主義など世界・人生の根本原理を追求する学問となる。認識論・倫理学・存在論・美学などを部門として含む。

たいへんむずかしい説明です。肝心なところは、最初の、「物事を根本原理から統一的に把握・理解しようとする学問」という説明です。あとは、古代ギリシアから哲学がどのように変遷してきたかを説明する文章です。「新カント派」や「論理実証主義」などといった用語を知らなければ、何を言っているのか、さっぱりわからないでしょう。辞書の説明としてはあまりよいものとは言えません。

もう一つ見てみましょう。『精選版日本国語大辞典』(物書堂) です。これも、最初に「哲学」は philosophy の訳語だとしたうえで、第一の意味として次のような説明を与えています。

世界や人生の究極の根本原理を客観的・理性的に追求する学問。とらわれない目で事物を広く深く見るとともに、それを自己自身の問題として究極まで求めようとするもの。古代ギリシアでは学問一般を意味していたが、のち諸科学と対置されるようになった。論理学、認識論、存在論、哲学史、倫理学などの諸領域を含む。

これもむずかしい説明ですが、『広辞苑』より多少わかりやすくなっています。肝心なところは、これも一行目の、「世界や人生の究極の根本原理を客観的・理性的に追求する学問」です。堅苦しい説明ですが、すぐ続けて、「とらわれない目で事物を広く深く見るとともに、…」というふうに、説明をわかりやすくしています。また、哲学研究者の間だけで通じるような、特殊な用語も使われていません。

念のため、もう一つ見ておきましょう。『明鏡国語辞典』（大修館書店）です。第一の意味としてこう言われています。

世界・人間・事物などの根本原理を思索によって探究する学問。形而上学（存在論）・論理学・倫理学・美学などの部門を含む。フィロソフィー。

このように英語の「フィロソフィー」をつけて説明したうえで、このあと、「哲学」はギリシア語のphilosophia（フィロソフィア）の訳語だと補足しています。簡潔な説明ですが、基本的に、『広辞苑』や『精選版日本国語大辞典』と同じような内容になっています。これら三つの辞書に共通するのは、世界や事物の「根本原理」という言葉です。これが具体的に何を意味するのかが明らかでなければ、「哲学」の意味もはっきりしません。それからもう一つ共通する言葉があります。それは「学問」です。どの辞書も哲学を「学問」としています。「学問」というのは体系的な知識、あるいはそれを専門的に学ぶことです。しかし、現在、哲学にはそのようなものは見当たらないのが実情です。いずれにせよ、「哲学」の辞書的な定義、あるいは一般的な意味だけでは、「哲学」が何であるかは判然としません。あらためて、「哲学とは何か」を考えてみる必要があります。

3 求められている意味

ところで、「…とは何か」という問いはさまざまな場面で、しかも、私たちが生活のなかで悩んだり、迷ったりする大事な場面で出されるものです。人生とは何か、幸福とは何か、民主主義とは何か、正義とは何か……、こういった問いに私たちはしばしば直面します。肝心のところがわからないからです。そしてくり返し問われます。私たちが毎日出会い、毎日見ているあの人、この人といった人間についてもそうです。人間とは何か、と問われるのです。私たちがしばしば耳にする問いです。これについても、どれほど多くの見方が提出されてきたかわかりません。

社会人類学者のニーダム（Rodney Needham, 一九二三―二〇〇六）は人間についての興味深い言明をいくつもあげています。「人間とは高貴な動物である」（サー・トマス・ブラウン）、「人間とは生まれながらに宗教的動物だ」（エドマンド・バーク）、「人間とは野獣だ」（ボリングブルック）、「人間とは神の造りし傑作だ」（フランシス・クォールズ）。「人間とは自然の唯一の過ちだ」（シュウェンク・ギルバート）。あるいは、「人間とは万物の尺度だ」（プロタゴラス）、「人間とは事物の支配者だ」（スウィンバーン)、「人間とは政治的動物だ」(アリストテレス)、「人間とは道具を作る動物だ」(フランクリン)。まだまだあります。「人間とは忌まわしい獣にすぎない」(スウィフト)、「人間とは素晴らしく精妙な機械だ」(ラ・メトリ)、「人間とはパラドックスの塊だ」(C・C・コールトン)、「人間とは儀式好きの動物だ」(ウィトゲンシュタイン)、「人間とはわけありの動物だ」(リヒテンベルク)などなど(ニーダム『人類学随想』第1章第I節「本質的困惑」、江河徹訳、岩波現代選書、一三―一四頁)。たくさんありますね。ほかにもまだあるでしょう。

このように、人間についていろいろ述べることができても、どれも一面的な捉え方のように見えます。というより、人間のある一つの特徴を拡大して強調するような言明です。このような言明はそれなりに意義があり、たいへん魅力的な場合もあります。しかし注意しなければなりません。これらの言明は人間についてのさまざまな解釈のようであり、本質的な定義ではないように思われるからです。これらは私たちに人間についての多面的な見方を教えてくれるかもしれません。これはなるほど面白い考え方だとか、その通りだとか、これまでこんな風に人間のことを考えたことがなかったとか、いろいろと感心するところがあるかもしれません。シェイクスピアによれば、人間とは前を見、後ろを見る(あとさきを考える)ことのできる生き物です(『ハムレット』第四幕第四場三四―三七)。ほかにももっと面白い見方や鋭い見方があるかもしれません。

ところが、私たちが求めているのは、人間についての解釈や見方ではなくて、何が人間かを見きわめることができるような定義です。つまり、人間と人間でないものを区別しうるような定義、人間が人間であるという、その本質的な点を明らかにするような定義です。「人間とは高貴な動物である」とか、あるいは逆に「人間とはわけありの動物」とか言われても、そうした言明以前に、そもそも「人間とは何であるか」が明確にされなければ、人間が高貴な動物か、わけありの動物かについても十分な理解は得られないでしょう。

私たちは哲学についても、まずそれが何であるかを見定めようとしているのです。その点を知れば、どれが哲学で、どれが哲学でないかを区別できるような、そうした哲学の定義を求めているのです。とはいえ、この種の明確な定義はなかなか得られそうにありません。どうしてそうなるのでしょう。「人生」も、「幸福」も、「民主主義」も、「正義」も、「人間」も、そして私たちが問題にしている「哲学」も、どれも私たちの知っている言葉であり、一般に使われている言葉なのです。にもかかわらず、その言葉の指しているものが「何か」と問われると、私たちはとまどい、まるで霧の中にいるかのようです。

このような状態を見事に表現している文章があります。古代末期のキリスト者であり、哲学者でもあったアウグスティヌス（三五四―四三〇）は『告白』のなかで、時間とは何かを考察する場面で、こう記しています。

では、いったい時間とは何でしょうか。これをたやすくかんたんに説明できる者があるでしょうか。それについてことばで表現するために、思想においてでも時間をとらえることのできる者があるでしょうか。私たちが会話のさい、時間ほど親しみ深く熟知のものとして言及するものは何もありません。それについて話すとき、たしかに私たちは理解しています。他人が話すのを聞くときも、たしかに私たちは理解しています。

> ではいったい時間とは何でしょうか。だれも私にたずねないとき、私は知っています。たずねられて説明しようと思うと、知らないのです。（アウグスティヌス『告白』第11巻第14章、山田晶訳）

アウグスティヌスは「天地を創造する以前、神は何をしていたか」という問題をきっかけにして、私たちになじみの時間について、「時間とは何か」の問いを考えることになりました。そして上記のように、時間は、だれもたずねないとき、私は知っている、ところが、たずねられると知らない、と言うのです。しかしこのあとアウグスティヌスは、時間の「謎をときたい願いに燃えている」のだと、自分の思いを吐露したうえで、こう言っています。

> ……私ののぞみ。そこに生きがいを感じるもの、それは「主のよろこびを見る」ことです。ごらんください、あなたは私の日々を古くしてしまわれた。それは過ぎさってゆく……。どのようにしてか、私にはわからないのです。

しかも私たちは、時ということを、またもろもろの時ということをしばしば口にします。「彼はどれほど長い時間、それを語ったか」。「どれほど長い時間、それをしたか」。「何と長い時間、私はあれを見なかったことか」。「この音節はあの短い単音節の二倍の時をもっている」。私たちはこれらのことを言ったり聞いたりし、自分の言うことを相手に理解され、相手の言うことを理解します。これ以上、あきらかなことはなく、これ以上聞きなれたこともありません。ところが、その意味はきわめて深くかくれていて、さがしだすためには、あらたにひと仕事しなければならないのです。（同第22章）

哲学についても、私たちは「あらたにひと仕事」して、本質的なことを考えなくてはなりません。そこでまず、「Xとは何か」という問いについて少し整理しておきましょう。重要なのは、このかたちの問いによって、いったい何が問われているのかということです。言い換えれば、問い手がこの問いを発するとき、何を求めているのかということです。私たちはその文脈や状況を見きわめる必要があるのです。

問い手が自分の知らない言葉について、「Xとは何ですか」と問うなら、その場合は、単にXという言葉の意味が問われているだけでしょう。そのような時には、辞書的な意味を答えれば十分です。

しかしながら、問い手が自分の知っている言葉について、あえて「Xとは何ですか」と問う場合には、これまで述べてきたように、問い手はXの何か本質的なところをたずねているのです。

しかしここで注意が必要です。どういうことかと言えば、この場合の問いに答えようとすれば、さらに、その本質的なところがどのようなものなのか、つまり、問い手がどのような解答を求めているのかについて明確にしておかなければならないということです。文字通り、Xの本質が問われていると考えられるかもしれませんが、それだけではありません。たとえば、問い手が自分の人生に悩んでおり、人生の意味がわからず、「人生って何ですか」と問う場合、その時、問い手は一般的に私たちの人生の意味を、つまりあなたの人生や私の人生の意味を問題にしているというよりも、むしろ問い手自身の個人的な人生を問題にしているかもしれないのです。このような場合には、問い手の生きてきた人生、あるいは問い手が今まさに生きている個人的な人生について話し合うことになるはずです。あるいは、人間関係に悩んでいる人が、人間のことがわからず、「人間って何ですか」という問いを発する場合はどうでしょう。この場合は、人間の本質ではなくて、むしろ人間の何らかの特質のようなものが問われているのかもしれません。そのような時には、人間に見られるいろいろな局面に目を向けなければならないでしょう。さらにまた、仕事や勉強などの意味が問われることもあるかもしれません。その場合は、問い手にとってそれらがどのような価値をもっているのかが問われているはずです。

要するに、「Xとは何か」という問いは、必ずしも一義的な意味をもつような問いではないのです。

したがって、一義的に解答できる問いでもないと言わなければなりません。もし人から、「あなたは人生をどう思いますか」と問われたなら、まず、この問いの意味をはっきりさせなければならないでしょう。そうでなければ、どう答えればよいか、私たちはとまどうだけです。人生はつらいものか、苦しいものかと問われているのか、それとも人生にどんな意味があるのかといったことが問われているのか、それとも人生は運命のようなものによって定まっているのかといったことが問われているのか、さらにはまた、私という人間が自分の人生に満足しているのかといった、きわめて個人的なことが問われているのか。つまり、私たちは「Xとは何か」という問いにおいて問題となっていることを、文脈や状況からそのつど見きわめなければなりません。そうでなければ、的はずれの、徒労に終わるような解答作業をすることにもなりかねません。

今、「哲学とは何か」という問いを発しているのは私たちです。問い手は私たちであり、私たちがこの問いによって求めているのは、哲学の辞書的な意味でもなければ、哲学の重要な条件でもなく、あるいは哲学の特徴でもなく、何よりも、哲学それ自体の意味、つまり、哲学の本質的な意味でしょう。そもそも哲学とは何であるのか、そのいちばん肝心のところがはっきりしないのですから。とはいえ、哲学についてはもう少し考えておくべき事柄があります。その事情を少し説明したく思います。

4 「哲学とは何か」を考えるために

プラトンの『メノン』という作品に、とても印象深いやりとりが描かれています。若者メノンはソクラテスに出会っていきなり、徳は教えられるものかどうか、あるいは訓練や素質によるものなのか、などとたずねるのです。それに対して、ソクラテスは徳が教えられるかどうかを知っているどころか、「徳それ自体が何であるか」さえ知らないと言います。それればかりか、徳を知っている人に出会ったこともないと述べて、メノンをびっくりさせるのです。なぜびっくりしたかと言えば、徳はメノンにとってはまったく明らかなことと思われていたからです。メノンは、男の徳とは国事を処理する能力をもつことであり、女の徳とは家をよくととのえることだ、などと述べています（『メノン』71E）。ところが実際には、メノンも徳についてはよく知らなかったということが、ソクラテスとの対話で明らかになるのです。けれども、注意すべきは、メノンに対するソクラテスの次のような発言です。

あるひとつのものが何であるかを知らないとしたら、それがどのような性質のものかということを、どうしてぼくは知ることができよう。それとも君には、メノンとは何ものであるかをぜんぜん知らない人が、メノンが美しいか、金持ちであるか、高貴な人物であるか、あるいはまたそういった性質と反対の人間であるか、というようなことを知ることができると思えるかね。（プラトン『メノン』71B、藤沢令夫訳、岩波文庫）

ソクラテスはたいへんわかりやすい例をあげています。メノンを知らなければ、メノンが美しいかどうかも知ることはできないだろう、と。このことが徳についても言えるとソクラテスは考えているのです。つまり、徳が何であるかを知らなければ、徳が教えられるものかどうかもわからないのだと。

ところが、すぐに私たちは気がつくと思うのですが、メノンを知らない場合と、徳を知らない場合とでは、小さくない違いが一つあります。メノンという人物を知らないというのは、だれがメノンなのかさっぱりわからない状況です。そのような場合、メノンが美しいかどうかなどわかるはずがありません。肝心のメノンを知らないのですから。

けれども、徳についてはそうではありません。「徳」というのは日常語であり、ソクラテスもメノンもふだん使っている言葉です。その言葉を使いながら生活しているのです。徳については一般的な意味をソクラテスも知っているのです。そうでなければ、メノンと対話することすらできないでしょう。「徳」の原語はギリシア語の「アレテー」です。これは、善さとか、卓越性を意味します。徳のある人というのは、善き人、すぐれた人、立派な人を指しています。それなのに、ソクラテスは平然と徳を知らないなどと言っているのです。なぜでしょう。

ソクラテスが知っているのは、通常の意味、あるいは日常的な意味だと考えられます。しかしそれは、ソクラテスの目から見れば、知っているうちに入らない、つまり肝心なことは何も知らず、徳については無知の状態だ、ということではないでしょうか。メノンはソクラテスに促されて徳の意味を明瞭にするために、何度か定義を試みます。たとえば、徳とは「人々を支配する能力をもつこと」だと言います（73C-D）。ところが、この定義だけでなく、他の定義もことごとくソクラテスに論駁されてしまいます。そして徳について何も知らない状態に陥り、途方に暮れてしまいます。つまり、ソクラテスと同じ無知の状態になってしまうのです。要するに、メノンもソクラテスも徳について肝心なことは何も知らない。けれども、二人は「徳」について通常の意味は知っている。このような状態です。ここで話を「哲学」に戻します。

私たちは「哲学」という言葉、またそれの通常の意味を漠然とであれ知っています。にもかかわらず、何か肝心のところがわからないのです。どうすればよいのでしょうか。メノンの場合、彼はまったく知らないものを探求することなどできない、と主張します（80D）。なぜなら、何を探求すればよいかわからず、また、たとえ答えを見出したと思っても、それが求められていた本当の答えかどうかを確認するすべもないように見えるからです。ソクラテスはメノンを励まして、活路を見出そうとします。それは知らないもの、たとえばXについて、「Xがこれこれだとすれば」という仮設（ヒポテシス）を立てて考えてゆく方法です。徳が何であるかがわからなくても、かりに徳がこれこれであるとすれば、それが教えられるものかどうかはわかるのではないか、とソクラテスは提案します（87B）。この提案はメノンの要望に応えたものです。メノンの関心は徳が何であるかよりも、徳が教えられるものかどうかにあるからです。

私たちも、「哲学」についてこのような仮設を立てるべきでしょうか。哲学がこれこれだとすれば、哲学は役立つものではないか、というふうに。これはしかし、有効な方法ではないはずです。徳に対するメノンの関心のあり方と、哲学に対する私たちの関心のあり方は異なるからです。メノンは何より徳を身につけたいと思っています。徳の重要性、徳の価値を疑わず、徳に憧れ、徳を熱望しています。彼は立派な人間になることを夢見ています。しかし私たちの方は哲学の価値を疑っており、そもそも哲学が役に立つのか、哲学の成果はいったい何であるのか、といったことを問題にしています。「哲学者」と言われる人の人生がよいものかどうかもわかりません。こうした疑問に答えるには、どうしてもその前に、「哲学とは何であるか」が明らかにされなければならないでしょう。

それだけではありません。「徳（アレテー）」という言葉についてのメノンの理解の仕方と、「哲学」という言葉についての私たちの理解の仕方も異なっています。「アレテー」はメノンにとっては日常語であり、ふつうのギリシア語です。「勇気」や「恋」などといった言葉と同じように人々の生活に根ざしたものなのです。それに対して、現在の日本において「哲学」という言葉はしばしば使われてはいても、私たちの生活に根ざした日常語でもなければ、ふつうの日本語でもありません。それだけにかえって印象的な使われ方や効果的な使われ方も見られます。たとえば、「これが私のサッカーの哲学です」などといった表現です。この場合の「哲学」とは、「根本的な考え」といった意味であり、それを「哲学」という一語で表現して、発言の効果を上げているのです。いずれにせよ、「哲学」という日本語は特殊な言葉なのです。

私たちはこの日本語の由来を見きわめておく必要があります。なぜなら、「哲学」という日本語は二重の意味でよくわからない言葉だからです。もっとも、何を意味するかわからない言葉であっても、直ちに了解できる言葉があります。たとえば、「スマートフォン」。この言葉がわからなくても、私たちは実物を示されればすぐに納得します。「スマートフォン」という言葉の由来などあまり気にしません。

ところが「哲学」の場合、第一に、その言葉自体が不明瞭なだけでなく、第二に、哲学とはこれですよ、というふうに実物を示すこともできないのです。したがって、「哲学とは何であるか」という問題を考えようとすれば、私たちの場合、まず、その日本語の由来を見きわめねばなりません。ソクラテスは「哲学とは何であるか」を問うことはありませんでした。彼の哲学活動が当時の人々になかなか理解されなかったとしても、少なくとも哲学の意味は、彼にとっては明らかだったからです。しかし私たちにとってはそうではありません。私たちは「哲学とは何であるか」を問うのです。この違いはどこから来るのでしょうか。さしあたり、「哲学」という日本語の成立事情を探っていく必要があります。この日本語はいつ、どのようにしてつくられたのでしょうか。

ちょっと長い間奏——日本語で「哲学」

1 翻訳語としての「哲学」

「哲学」という日本語は、実は翻訳語です。翻訳語というのは、単なる翻訳ではありません。たとえば、英語の「ブック（book）」を「本」と訳します。「本」は私たちのすでに使っている言葉であって、英語の「book」はそれに対応するものです。そして「本」も「book」も、私たちがふだん生活のなかで実際に読んだり、眺めたりしている書物（本）を意味しています、つまり実物を指し示す言葉です。このような場合、特に問題はありません。ところが、翻訳語は違います。翻訳語は外国語に対応する日本語がない場合に、つくり出された言葉なのです。対応する日本語がないということは、その外国語の意味している実物ないし現実が、日本には存在しなかったか、あるいは存在するものとして捉えられていなかったか、そうした事情があるからです。

たとえば、「ベースボール（baseball）」。このような競技は日本にはなかった。したがって、それを表現する日本語もない。ここから「野球」という翻訳語がつくり出されることになります。あるいは、「パーソナリティ（personality）」。人が人として捉えられた場合の人のあり方。これにぴったり対応する日本語はなかった。そこで「人品」などといった言葉がつくり出されます（井上哲次郎ほか編『哲学字彙』、東京大学三学部刊、一八八一年）。のちに、井上哲次郎は、東大で同僚の倫理学教授であった中島力造からパーソナリティを何と訳せばよいかと尋ねられたので、「自分は人格と言ったら良からうと答へた。そこで、倫理学の講義に之を使用したところ、早速流行して、法律の用語にもなった。今日の人々は、かう言ふことを知らないでいるけれども、新たに学術の用語、それも哲学に関するものを作り出すと言ふことは、却々《なかなか》容易なものではなかった。明治以後、学術の発展に伴ふ新熟語の作製には、いろいろの人の努力が与っている事を無視し得ない」などと述べています（『井上哲次郎自伝』）。井上哲次郎自身が「人格」という言葉をつくったかどうかはともかくとして、要するに、翻訳語とは造語であり、新しい言葉なのです。そして、「哲学」という言葉もその一つなのです。

「哲学」という日本語は、幕末から明治にかけて活躍した学者であり、思想家でもあった西周《にしあまね》（一八二九―九七）によってつくられたものです。それ以前には「哲学」という日本語は存在しませんでした。存在しなかったということは、日本には「哲学」という言葉に対応する実物ないし現実もなかったということです。あるいは、そうした現実に近いものがあったとしても、それは「哲学」として捉えられていなかったということです。ただ、「哲学」のラテン語とその意味は、日本ではすでに一六世紀末には知られていました。『天草版羅葡日対訳辞書』（一五九五年刊）の Philosophia（フィロソフィア）の項は、ローマ字の日本語で「gacumonno suqi（学問の好き），banmotno riuo aqiramuru gacumon（万物の理を明らむる学問）」と説明されていたからです。いずれにせよ、哲学は西洋から日本に輸入されたのです。西周はどのような経緯で、「哲学」という日本語をつくり出したのでしょうか。

2 西周の講義

この問題についてはこれまでに多くの研究があります。西周のことは聞いたことがある、知っている、と言う人もおられるかもしれません。ここでは、西周という人物について、そしてなるべく西周自身の発言に基づいて考えられることを、少し立ち入って説明したいと思います。

西周は、日本の近代史において福沢諭吉のように有名ではなく、「忘れられた思想家」などと言われたりする人です。彼は、石見国（現島根県）津和野に藩医の子として生まれました。津和野には後に作家であり、軍医でもあった森鷗外（一八六二―一九二二）が生まれます。西周と鷗外はそれぞれ親が従兄妹関係にあって、親戚になるのです。鷗外は西周が亡くなった翌年の一八九八年に『西周伝』を出しており、それによれば、西周は徳川氏の公文に名前が「周助」と書かれていたため、この名を使うことになりますが、明治以降は、「周（あまね）」を名のっていたということです。

鷗外の『西周伝』は西周の生涯の細かなところを知るのにたいへん貴重な文献ですが、西の同僚であった津田真道（一八二九―一九〇三）の回想に影響されて、国際社会に羽ばたく西の実像を正確に描いていないといった指摘もあって（蓮沼啓介「『西周伝』の成立事情」参照）、注意が必要です。西周を全体的に捉えるには、今あげた蓮沼論文だけでなく、松島弘「西周と津和野」、および高坂史朗

「新しい世界を求めて――西周とオランダとの出会い――」という論文などが大いに役立ちます。これらはすべて、西周に関するすぐれた共同研究をまとめた『西周と日本の近代』（島根県立大学西周研究会編、ぺりかん社、二〇〇五年）に収録されています。ここでの話も鷗外の『西周伝』だけでなく、この本に収められた諸論文に多くを負っています（煩雑を避けるため、参照個所をいちいち示すことは控えました）。なお、西周は、発禁処分を受けた鷗外の問題小説『キタ・セクスアリス』に、西が東となって、東《あずま》先生となって登場し、「洋行がえりで、摂生のやかましい人で、……ただ酒をずいぶん飲まれた。それも役所から帰って、晩の一〇時か一一時まで翻訳なんぞをせられて、そのあとで飲まれる」などと言われています。

医者の家に生まれた西周は最初に医学を学び、それから儒学を学ぶのですが、一八五三年、東インド艦隊を率いて、日本に開国を迫るペリー（一七九四―一八五八）の来航を目の当たりにして、洋学を学ぶことを決意します。日本の立て直しのためです。その後、江戸幕府が一八五六年に西洋文化の教育研究機関として設けた蕃書調所《ばんしょしらべしょ》で、西周は一八五七年から「教授手伝並」となって、一八六二年まで仕事をします。蕃書というのは、外国の書物のことです。蕃書調所は後に洋書調所、さらには開成所（一八六三年）と名前を変えながら、明治に入って、一八七七年に東京大学になります。西周が勤めていた蕃書調所は東京大学の前身なのです。

西周は、一八六二年の六月、品川からオランダ留学の途につき、無事に留学を終えて、三年後の六五年一二月に帰国すると、六六年に開成所（旧蕃書調所）に復職して教授となります。私たちにとって問題は、現在残されている西周の講義草稿の断片です。それは、オランダ留学前の蕃書調所時代に、つまり、一八六二年六月までに書かれたものと推定されていますが（麻生義輝『近世日本哲学史』近藤書店、一九四二年、四〇—四一頁）、そこには哲学について次のように説明されています。

ピタコラスといふ賢人始めて此ヒロソヒといふ語を用ひしより創まりて、語の意は賢きことをすき好むといふことなりと聞へたり。此人と同時にソコラテスといへる賢人ありて、また此語を継ぎ用ひけるが、此頃此学をなせる賢者たちは、自らソヒストと名のりけり。語の意は賢哲といふことにて、いと誇りたる称なりしかば、彼のソコラテスは謙遜して、ヒロソフルと名のりけるとぞ。語の意は賢徳を愛する人といふことにて、所謂希賢の意と均しかるべしとおもはる。此ヒロソフルこそ希哲学の開基とも謂べき大人にて、彼邦にては吾孔夫子と並べ称する程なり。（西周「西洋哲学史の講案断片」）

ここで、西周は、「ヒロソヒ」と「ヒロソフル」について説明しています。「ヒロソヒ」は英語のphilosophyを、「ヒロソフル」はphilosopherを仮名書きしたものであって、まだ日本語に訳されていません。ピタコラス（ピュタゴラス）がはじめて「ヒロソヒ」という言葉を用い、ソヒスト（ソフィスト）とは「賢哲」の意味だとしたうえで、ソコラテス（ソクラテス）は「ソヒスト（賢哲）」ではなく、謙遜して「ヒロソフル」と名のった、と西周は言っています。そして、この「ヒロソフル」のことを、「賢徳を愛する人」と説明し、いわゆる「希賢」の意味に相当すると主張しています。「賢徳を愛する」、つまり「知恵の徳を愛する」を、西周は「希賢」という言葉で言い直しているのです。しかしここでは、ソクラテスを説明するのに、この「希賢」を使わずに、「此ヒロソフル（＝ソクラテス）こそ希哲学の開基」と言って、「希哲学」という別の言葉を用いています。ややこしいですね。要するに、「ヒロソフル」や「ヒロソヒ」という英語に対して、「希賢」と「希哲学」という二種類の語で説明しているのです。なぜでしょう。いったい、「希賢」や「希哲学」といった言葉はどこから出てきたのでしょう。

この点について、のちに西周自身が明らかにしている文章があります。西周はオランダ留学から帰国後、一八六六年より開成所で仕事をしますが、鷗外の『西周伝』（一八九八年）によれば、京都に派遣され、四条大宮西入ルの更雀寺（きょうじゃくじ）に住み、ここで私塾（私設の高等教育機関）を開くとともに（各地から五〇〇人もの藩士が集まった、と鷗外は記しています）、二条城の徳川慶喜にフランス語を教えたり、幕府のために外交文書を訳したりしています。ところが、しばらくして、慶応三年一〇月（一八六七年一一月）に慶喜が大政奉還を決意して、翌年明治政府が発足すると、それ以後、西周は政府の官職を歴任してゆきます。その過程で、明治三年（一八七〇年）には浅草の自宅近くに私塾育英舎を開き（後に神田に移転）、そこで「百学連環」（Encyclopaedia）と題した講義を行なっています。

私たちにとって手がかりとなるのは、この「百学連環」(一八七〇年)とその前の、京都の更雀寺での講義(一八六七年)です。「百学連環」は、西周の娘婿の永見裕が筆録しており、これが昭和七年(一九三二年)に発見されて、半世紀以上経ってその内容が日の目を見ることになりました。他方、西周の著作『百一新論』が「京都に在る時の著なり」と『西周伝』で認定されていることから、この『百一新論』が更雀寺における講義であったと見られます。『百一新論』は一八七四年、西周が四六歳の時に出版され、「哲学」という翻訳語は、この『百一新論』に登場して、世に知られることになります。『百一新論』巻之下の最終段落でこう言われています。

……天道・人道ヲ論明シテ、兼テ教ノ方法ヲ立ツルヲヒロソヒー、訳シテ哲学ト名ケ、西洋ニテモ古クヨリ論ノアルコトデゴザル、……

この文章は、先に述べたように、出版より七年前の一八六七年、西周の京都時代における更雀寺の講義までさかのぼります。この時すでに西周は、「哲学」という翻訳語をつくり出していたと考えられます。三年後の講義「百学連環」では「哲学」という言葉が西周によって自由に用いられていることからも、それ以前に「ヒロソヒ」の訳として「哲学」という翻訳語は、西周自身のなかで十分に固まっていたと見られます。ここで問題は、いちばん始めの「西洋哲学史の講案断片」(一八六二年頃)における「希賢」や「希哲学」から、『百一新論』（一八六七年の著作、一八七四年刊）における「哲学」へとどのようにして変化していったのかということです。

その説明は一応、一八七〇年に書かれた『百学連環』でなされています。

> Philosophy なる文字［の Philo］は希臘の φιλο にして、英の love なり。又 sophy は σοφια にして、英の wisdom なり。其意は賢なるを愛し希ふの義なり。……ヒロソヒーの意たるは、周茂叔の既に言ひし如く、聖希天、賢希聖、士希賢との意なるが故に、ヒロソヒーの直訳を希賢学となすも亦可なるべし。……ヒロソヒーの定義は Philosophy is the science of sciences とて、諸学の上たる学なりと言へり。（『百学連環』第二編第二　哲学論、［ ］内は原文になく補われたもの）

周茂叔（一〇一七―七三）は宋代の儒学者であり、聖希天、賢希聖、士希賢という言葉は、彼の『通書』に現われる言葉です。書き下せば、聖は天ならんことを希《こいねが》う、賢は聖ならんことを希う、士は賢ならんことを希う。この最後の、士は賢ならんことを希う、という意味が、ヒロソヒーの語源的意味に相当すると西周は判断したのです。聖人は天を切望し、賢人は聖を切望する。そして、士、つまり学識のある人は賢になることを切望する。要するに、賢を希う、つまり、知恵を切望する、これが Philosophy にほかならないのだと説明しているのです。したがって、ヒロソヒーを「希賢学」と直訳することも可能だと述べているのです。しかし、どうして西周はこの直訳の「希賢学」を採用せず、ヒロソヒーを「哲学」と訳したのでしょうか。

3 「希賢学」から「哲学」へ

これを解く鍵は、西周が『百一新論』の前年に公刊した『生性発蘊《せいせいはつうん》』（一八七三年）のなかに記された注釈にあります。そこでは、こう言われています。

哲学原語、英フィロソフィ、仏フィロソフィー、希臘ノフィロ愛スル者、ソフォス賢ト云義ヨリ伝来シ、愛賢者ノ義ニテ、其学ヲフィロソフィト云フ、周茂叔ノ所謂ル士希賢ノ意ナリ、後世ノ習用ニテ専ラ理ヲ講ズル学ヲ指ス、理学理論ナト訳スルヲ直訳トスレドモ、他ニ紛ルコト多キ為メニ今哲学ト訳シ東洲ノ儒学ニ分ツ。（『生性発蘊』注㋭）

少し読みづらい注ですが、ここで西周は、英語のフィロソフィをそのギリシア語の原語にまでさかのぼって説明しています。そして、フィロソフィは周茂叔の士希賢の意味だとしたうえで、それは後世の慣用では理を説く学であって（おそらく西周はソクラテスではなく、アリストテレス以後、近代にいたるまでの、もっぱら原理探求という意味での哲学概念を念頭に置いていると見られます）、「理学理論」と訳すのが直訳であるとしながらも、「哲学」と訳す決定的な理由を述べています。すなわち、東洋の「儒学」と区別するために「哲学」と訳すのだと。「理学」と訳せば、儒学の理気の説を連想させるからでしょう（麻生義輝『近世日本哲学史』、四七頁参照）。フィロソフィの語義からすれば、「愛賢」ないし「希賢」の方が正確でふさわしいのですが、西周はこれを学として捉え、「希賢学」と「直訳」し、先の「西洋哲学史の講案断片」では「希哲学」とも訳し、また、その実質は原理の学であることから、「理学」などの訳も考えます。しかし、儒学との関連を絶つために、「理」を避けて「理学」とせず、また他方で「希哲学」ともせず、単に「哲学」と訳したのだと考えられます。

ここで「希賢」の「賢」を避け、「哲」を採用して「哲学」としたのも同じ事情によるものと考えられます。「賢」という語は儒学者の周茂叔の使っていた言葉であり、「希賢」の「賢」は「聖」や「天」を連想させます。「哲」はそうではありません。「哲」は「賢」と同じ意味ですが、フィロソフィを「希哲学」とすれば、これは「聖」や「天」との連想を絶つ新しい言葉であって、東洋の儒学とは異なる意味合いを出すことができます。

ところで、「哲」という語、これは、西周より以前に、江戸末期の蘭学者であり医者であった高野長英（一八〇四―五〇）の、『聞見漫録第一』（一八三五年）に収められた小論「西洋学師ノ説」の冒頭で、すでに使われています。「西洋学師ノ説」は日本人の書いた最初の哲学史ですが、オランダ語の本から訳されたものと見られています。

西洋ニ学師ノ創リシハ、又甚ダ尚シ。其嚆矢ヲ「タレス」及ビ「ピタゴラス」トス。年代ヲ推スニ、孔子ノ前、百五十年許ニ当レリ。「タレス」ハ……七哲ノ第一ナリ。

ここで「学師」は「哲学者」の意味です。そして「哲」は「賢人」の意味です。タレスはいわゆるギリシアの「七賢人」の一人で、これを高野長英は、「七哲」としているのです。「哲」という語は、「賢人」、あるいは「哲人」を表わす語としてすでに使われていたのであって、西周はこの語を用いることによって、フィロソフィを「哲学」と訳し、それが西洋のものであることを示したかったのではないでしょうか。

4 「哲学」と「理学」

他方、「理学」という言葉には、別の事情があります。というのも、それは当時、「自然科学」を意味する言葉としても用いられていたからです。江戸末期の蘭学者であり、蕃書調所（および洋書調所）教授でもあった川本幸民（一八一〇―七一）は一五巻からなる自然学書『気海観瀾広義』（一八五一―五八年）を刊行していますが、その凡例には、次のように言われています。

「ヒシカ（fysica）」ハ和蘭ニコレ「ナチュールキュンデ（Natuurkunde）」ト云ヒ、先哲訳シテ理学ト云フ。天地万物ノ理ヲ窮ムルノ学ニシテ、上ハ日月星辰ヨリ下ハ動物金石ニ至ルマデ、其性理ヲ論弁シテ一ヲ残ス所ナシ。

つまり、「自然学（fysica, physica）」というものが、日月星辰から動物や金石まで一つ残らず論じながら、「天地万物の理を窮むるの学」としてすでに前代の哲人（賢人）たちによって「理学」と訳されていたと、川本幸民は言っているのです。この意味での「理学」は、現在の大学の「理学部」の名称に用いられ、また小学校や中学の「理科」という科目名にも反映されているものです。西周はこのような意味での、つまり自然科学という意味での「理学」と区別するためにも、「哲学」という訳語を採用したのでしょう。

しかしながら、この場合、特別の理由があったと推測されます。というのも、西周は『百学連環』において、「ヒロソヒーの定義は Philosophy is the science of sciences とて、諸学の上たる学なりと言へり」と解説していたからです。つまり、哲学は「学のなかの学」、というより、「学の上の学」であって、「理学」（自然科学）に包括されるような物理学や化学などをはじめ、他のさまざまな学とも同列の学ではないのだということです。そして、「希賢学」の「希」が省かれたのは、単に儒学的な語感を避けるためだけではなく、このような西周の「ヒロソヒーの定義」によるところが大きいのではないかとも考えられます。「ヒロソヒー」はさまざまな学の上位に位置する学であって、もはや「希賢」ではなく、まさに「賢」の意味、言い換えれば、「哲」の意味をもつ学であると見られるからです。

実際、西周は、京都時代の『百一新論』でも、「天道・人道ヲ論明シテ、兼ネテ教ノ方法ヲ立ツルヲヒロソヒー、訳シテ哲学ト名ケ」と述べていましたが、これに続けて、「百教ヲ概論シテ同一ノ旨ヲ論明セントニハヨホド岡目ヨリ百教ヲ見下サネバナラヌコトデゴザル」とつけ加えています。他のすべての教え（学問）を見下ろし俯瞰しながら、天道・人道を、つまり世界と人間のあり方を明らかにするのが、ほかならぬ「哲学」だと西周は考えているのです。

5 西周以後——「哲学」という日本語の定着

さて、西周によって、「哲学」という日本語がつくられてきた経緯は以上のようなものです。彼は、英語のPhilosophyの語源をたどり、ギリシア語のφιλοとσοφιαの意味から、儒学における「士希賢」の「希賢」との対応を見てとったうえで、「希賢学」と訳し、さらに「賢」を「哲」に変えて、「希哲学」とし、最終的に「希」を落として、「哲学」としたのです。ここには、Philosophyを儒学と区別する意図があり、またPhilosophyを諸学の上の学と見る視点がはたらいていたと推測されます。西周はPhilosophyを、日本には存在しない、まったく新しいものとして受けとめていたのです。

「哲学」という翻訳語は、このように西周の造語であり、一般的なものではなかったのですが、一八七七年（明治一〇年）創立の東京大学で「哲学科」という名称が採用されたり、あるいは、一八八一年に題名として「哲学」の名を使った、日本ではじめての哲学辞典である『哲学字彙』（井上哲次郎ほか編）が発行されたりして、次第に定着していったのです。そして哲学そのものは、実際に東京大学で教えられることになったのですが、日本でのこの最初期の哲学の授業は、アメリカから招かれたフェノロサ（Ernest F. Fenollosa, 一八五三―一九〇八）によって行なわれました。フェノロサは一八七八年から一八八六年までの八年間、東京大学で哲学の講義をしているのですが、のちに岡倉天心とともに東京美術学校設立の準備などにもたずさわりました。フェノロサの哲学の授業に出ていた人で著名なのは、『宗教哲学骸骨』などを書いた清沢満之（一八六三―一九〇三）や、『小説神髄』を著した坪内逍遥（一八五九―一九三五）などです。フェノロサの講義内容については、清沢満之らが筆記したノートが残されており、そのノートは、清沢が真宗大学（現大谷大学）の初代学長を務めていた関係から、近年、その複写の利用が可能な大谷大学で少しずつ公刊の作業が進められています。

東京大学にはフェノロサのあと、多くの外国人教師が招かれます。なかでも、一八九三年（明治二六年）から一九一四年（大正三年）まで二一年間の長きにわたり哲学や古典語を教えたケーベル

(Raphael von Koeber, 一八四八―一九二三) は最も有名です。夏目漱石 (一八六七―一九一六) はその最初の講義に出席していて、のちに「ケーベル先生」という随筆 (明治四四年七月一六、一七日『朝日新聞』) を書いています。そのなかで漱石は、「文科大学 (現在の東大文学部) へ入って、ここで一番人格の高い教授は誰だと聞いたら、百人の学生が九十人までは、数ある日本の教授を口にする前に、まずフォン・ケーベルと答えるだろう」と記しています。ケーベル門下には、『ソクラテスの弁明』などの翻訳で知られる久保勉や、また波多野精一、和辻哲郎、九鬼周造といった日本での哲学・倫理学で著名な人たちがいます。和辻哲郎はケーベル晩年の、「Philosophie (哲学) は非常に多くのことを約束しているが、自分は結局そこからあまり得るところはなかった。Philologie (文学 [文献学]) は何も約束してはいないが、今となってみれば自分は実に多くのものをそこから学ぶことができた」という興味深い発言を伝えています (『ホメーロス批判』序言、一九四六年)。

また、「西田哲学」で知られる西田幾多郎 (一八七〇―一九四五) がケーベルにアウグスティヌスの著書の現代語訳を尋ね、ラテン語の勉学の困難を述べると、「お前の同級の某君は希臘語を読むではないか、You must read Latin at least」とたしなめられたり、「Philosoph muss rauchen (哲学者は煙草を吸わねばならない)」とからかわれたりしたのも有名な話です (「ケーベル先生の追懐」一九二三年)。

日本での哲学は、こうして東京大学を出発点として、その後、京都大学や他の大学にも広がってゆき、今日に至っています。そして明治以来、日本の大学では、例外はあるものの、主として西洋の哲学文献の研究が中心になっていて、それは哲学そのものではないように見えます。しかし他方、西周は『百学連環』で、「ヒロソヒーの定義は Philosophy is the science of sciences とて、諸学の上たる学なりと言へり」と説明していました。はたしてこの説明は正しいのでしょうか。日本でのこれからの哲学のあり方を考えるためにも、西周が「哲学」という日本語をつくり出したときの、もとになったギリシア語「φιλοσοφία ピロソピアー」はそもそもどのような意味をもっていたのか、これを私たちは見きわめておく必要があります。その場合、「ピロソピアー」の語源的意味だけでなく、特にその用法についても確認しておく必要があるでしょう。

第二話　哲学の旅立ち

1 「ピロソピアー」の伝承

哲学は古代ギリシア人の始めたものです。西周が英語の Philosophy の語源をたどって、「φιλοσοφία ピロソピアー」の語義から翻訳語「哲学」をつくり出していったその手続きはまちがっていません。「哲学」という漢字の語感は、やや硬いかもしれませんが、何か特別なものを表現しているようで、かえって新鮮です。しかし、この言葉だけを聞いてもその意味は判然としないでしょう。実はこの点は、意外なことに、西洋でも同じだったと言えるのです。というのは、ギリシア語の「ピロソピアー」は訳されずに受け継がれていったからです。

西洋で、古代ギリシアの次の時代は、ローマ時代です。ラテン語が使われ、哲学は、philosophia（ピロソピアー、あるいはフィロソフィア）と表記されます。ギリシア文字をローマ字に変えただけで、発音も同じです。つまり、ローマ人たちも哲学（ピロソピアー）をもっていなかったのです。ローマ時代は紀元前後から後五世紀末ころまで続きますが、その後の中世ヨーロッパでも事情は同じです。哲学は、philosophia として受け継がれていったのです。一〇〇〇年たって一五世紀のルネッサンスや近代、現代になっても同じです。英語やドイツ語、フランス語などで哲学を表わす言葉（philosophy, Philosophie, philosophie etc.）はみな、ラテン語の philosophia（フィロソフィア）と類似のものであり、発音も似ています。要するに、古代ギリシアで生まれた「ピロソピアー」という言葉は、その語の音だけが写されて、訳されずに受け継がれていったのです。日本語で言えば、カタカナで外国語を表現するようなものです。

しかし、受け継がれていった哲学（ピロソピアー）の内容は、必ずしも同じではありません。時代とともに変化してゆきます。それにかかわる人たちも異なり、哲学の歴史にはさまざまな哲学が登場します。ソクラテスの哲学、プラトンの哲学、アリストテレスの哲学、アウグスティヌスの哲学、デカルトの哲学、ヒュームの哲学、カントの哲学、ニーチェの哲学……、まるで哲学者の数だけ哲学があるように見えます。が、大事なことは、ギリシア人がどのようにして哲学（ピロソピアー）を生み出していったのかを確認することです。手がかりはもちろん、「哲学（ピロソピアー）」という言葉です。この言葉の形成過程を見きわめることによって、それが何を指しているかを捉えることができるからです。そうすることによって、哲学のもともとの意味が明らかになるはずです。

ところで、哲学は、ある時、突然、前触れもなく、ギリシアのどこかで出現したわけではありません。一定の歴史の過程を経て、哲学は表舞台に登場し、受け継がれ、変容していったのです。つまり、哲学というのは歴史的な現象であって、私たちはある程度その歴史を知っておく必要があります。今、私たちの生きている現代の日本において、哲学とは何であるかがはっきりしないとき、歴史をふり返って得られる知識はたいへん役に立ちます。それによって哲学が本来どのようなものであったのかがわかってくるからです。また、哲学に対する漠然とした先入観も取り除かれるはずです。それどころか、これから新たに哲学を始めてゆく手がかりさえ得られるかもしれません。歴史の細かな知識は必要ありません。基本的なことだけを確認しておけば、哲学のイメージもくっきりしてくるはずです。ここでは、とりあえず、「ピロソピアー」という言葉が現われてくるその過程を簡単に見ていくことにしましょう。

まず、古代ギリシア世界についてです。「古代ギリシア」という表現で、現在のギリシアを思い浮かべてはいけません。「古代ギリシア」というのはほぼ地中海一帯の世界です。その世界の各地にギリシア人の都市国家（ポリス）がつくられていました。それより北方の世界はまだ文明が開いていない状態でしたから、「古代ギリシア」というのは当時のヨーロッパの全体を指していると言ってよいかもしれません。ソクラテスやプラトンは前五〜四世紀の人たちで、アテナイ（アテネ）という都市国家（ポリス）に生まれ、哲学の仕事をしていったのですが、この時代は、ギリシアで他にもさまざまな分野で文化が花開いた時代であり、その文化は後の時代にも尊重されるものであったため、「古典期」とも言われます。しかしそれ以前は、どんな時代だったのでしょう。

いくらでも時代をさかのぼることはできますが、文明や文化との関連で言えば、第一回の古代オリンピックが前七七六年に開催されたことが知られていますから、この前八世紀が一つの目安になります。オリンピックが開催されたということは、ギリシア各地にすでに都市国家（ポリス）が成立していたということです。そして、この前八世紀に活躍していたのが詩人のホメロスです。ホメロスは叙事詩『イリアス』と『オデュッセイア』をつくったことで有名です。イリアスというのは「トロイア物語」、オデュッセイアは「オデュッセウス物語」という意味です。トロイアは現在のトルコ北西に位置する国ですが、エーゲ海を挟んで、この東のトロイアと西のギリシア世界とが戦争をしたのです。前一二〇〇年頃のことです。

きっかけは、スパルタの王メネラオスの妻ヘレネを、トロイアの王子パリスが奪ったことにありました。ギリシア側はスパルタ近くの王国ミュケナイの王アガメムノンを総大将として、エーゲ海を渡ってトロイアに攻め込み、トロイアはパリスの兄である勇将ヘクトルを中心に戦いました。結果は、ヘクトルがギリシア側の勇将アキレウスに討たれ、トロイアは落城し、敗北しました。『イリアス』は一〇年にわたるこの戦争の最終場面を、『オデュッセイア』はこの戦争後、ギリシア側のオデュッセウスが一〇年におよぶ海上漂流の後、ギリシア本土西の小島である故郷イタケーに戻って、妻ペネロペイアと再会する様子を描いたものです。

前八世紀のホメロスは、五〇〇年以上も前の戦争を描いているわけですが、ここには「哲学」という言葉はまったく現われません。とはいえ、その物語は前一二〇〇年頃の話であって、古すぎると言われるかもしれません。しかし、ホメロスより時代が一世紀下って、前七世紀の詩人ヘシオドスに『神統記』や『仕事と日』といった作品がありますが、これらにも「哲学」という言葉は現われないのです。とすると、哲学に関係した言葉は、ギリシア世界においていつ現われ、だれが使っていたのでしょう。

2 哲学の創始者はピュタゴラスか？

手がかりはいくつかあります。たとえば、西周は蕃書調所時代の「西洋哲学史の講案断片」（一八六二年頃）で、「ピタコラスといふ賢人始めて此ヒロソヒといふ語を用ひしより創まりて、語の意は賢きことをすき好むといふことなりと聞へたり」と書いていました。ピタコラス（ピュタゴラス）がヒロソヒという言葉をはじめて使ったというのです。この記述の根拠は、幕末の西周の時代とちがって、現在では哲学の研究者でない方々も、簡単に突き止められます。ギリシアの哲学文献については今の日本では研究も進展し、その多数が日本語に訳されてもいるからです。

ピュタゴラス（正しい発音は、ピュータゴラース）はサモス島（エーゲ海東部）の生まれで、前五三〇年頃の人ですが、一般には数学の分野において「ピタゴラスの定理（三平方の定理）」で知られています。この定理をピュタゴラス自身が実際に発見したかどうかは定かでありませんが、彼は数学者であるよりも、むしろ魂の輪廻転生を説く宗教者なのです（ポルピュリオス『ピュタゴラス伝』一九＝ディールス／クランツ『ソクラテス以前哲学者断片集』第一四章八a参照）。西周が述べていることは、後三世紀のギリシアの伝記作家ディオゲネス・ラエルティオスの『ギリシア哲学者列伝』に出てきます。そこでは、次のように言われています。

「哲学（ピロソピアー）」という語を最初に用い、また自らを「哲学者（ピロソポス）」と呼んだ最初の人はピュタゴラスであった。（ディオゲネス・ラエルティオス『ギリシア哲学者列伝』第1巻第12節、加来彰俊訳、岩波文庫）

ここにあげたディオゲネス・ラエルティオスの『ギリシア哲学者列伝』は、一〇巻から成っていてかなりの分量ですが（岩波文庫で上、中、下の三冊）、とても面白い本です。ギリシアの哲学史について、うわさや伝説のたぐいから、確かだと思われる事実まで、さまざまな情報を提供してくれる貴重な文献なのですが、間接的な資料に基づいて書かれているところが多数あり、すべてをそのまま史実と見なすことはできません。

前五三〇年頃のピュタゴラスは、ディオゲネス・ラエルティオスから見て七〇〇年以上も前の人です。彼はピュタゴラスについては『ギリシア哲学者列伝』の第八巻でいろいろなことを書いていますが、当のピュタゴラス自身は一冊の書物も書きませんでした。いったい何に基づいて、ディオゲネス・ラエルティオスは、ピュタゴラスが「哲学（ピロソピアー）」という語を最初に用いたと言っているのでしょう。彼の発言を一つ一つさかのぼっていく必要があります。彼は今の引用に続いて、こう述べています。

それは、ポントス（黒海）のヘラクレイデスが『息の絶えた女について』のなかで述べているところによれば、ピュタゴラスがシキュオンにおいて、シキュオンあるいはプレイウスの支配者だったレオンと対談した折に、神以外には誰も知恵のある者はいないと語ったからだとされている。その営み（哲学）が知恵（ソピアー）と名づけられたり、またその営みに従事していると公言する者は精神的な完成に達しているのだろうとして、知者（ソポス）と呼ばれたりするのはあまりにも性急すぎることであって、哲学者（ピロソポス）とは知恵を熱心に追求する人のことなのである。（同一二節）

ここで言われていることは、ヘラクレイデスの『息の絶えた女について』に基づいています。ヘラクレイデス（前三五〇頃）はプラトンの弟子であり、またプラトンの書物を愛読し、プラトンと同じように、対話篇を書いた人です（同第三巻四六節、第五巻八六節）。『息の絶えた女について』もその一つであって、ヘラクレイデスの創作と見られます。ヘラクレイデスから見てピュタゴラスは一八〇年ほど前の人であって、ピュタゴラスがシキュオンあるいはプレイウス（どちらもペロポネソス半島のポリス）の王レオンと対談した話を伝えていますが、これが史実かどうかは定かでありません。

またここに見られる、「神以外には誰も知恵のある者はいない」といった主張や、哲学をする者を知者と呼ぶのは「あまりにも性急すぎる」という主張は、ソクラテスの考え方に近いのです（プラトン『ソクラテスの弁明』23A参照）。そうだとすれば、ヘラクレイデスはピュタゴラスにソクラテスを重ね合わせて、作品を書いている可能性があるとも推測されます。

とはいえ、ディオゲネス・ラエルティオスはピュタゴラスが「哲学者」を名のったことについて、もう一つの情報を提供しています。

> ところで、ソシクラテスが『哲学者たちの系譜』のなかで述べているところによると、ピュタゴラスは、プレイウスの僭主レオンから、「あなたは何者か」と訊ねられたとき、「哲学者（ピロソポス）」だと答えた。そして彼は、人生を国民的祭典にたとえたのであった。つまり、その祭典の競技会には、ある人たちは競技のために来るし、ある人たちは商売のために来るが、しかし最もすぐれた人たちは観客としてやって来るのである。それと同様に、人生においても、奴隷根性の人たちは名誉や利得を追いかけている者であるが、これに対して、「知恵を愛し求める人（ピロソポス）」たちは真理を追求している者なのだ、と彼は言ったということである。（同第八巻八節）

ソシクラテスは前二世紀の歴史家であり、ヘラクレイデスよりもあとの時代の人です。そしてここにも、ピュタゴラスとレオンとのやりとりが報告されています。ピュタゴラスは人生を祭典（オリュンピア祭、オリンピック）にたとえ、哲学者は競技をする人や商売をする人ではなく、「観客」に相当すると言っています。つまり、知恵を愛し求める哲学者とは、名誉を求める者でもなければ、利得を求める者でもなく、「真理を追求している者」なのだと。

しかしこのような考え方は、実は、プラトンの作品に出てくるのです。人間のタイプを、「知恵を愛する人」、「名誉を愛する人」(「勝利を愛する人」)、「利得を愛する人」(「金銭を愛する人」)の三種類に分ける考え方は、プラトンの『パイドン』68Cや『国家』第九巻581Cに見られます。とすれば、ソシクラテスの記述はプラトンに基づいているのでしょうか。そしてその記述をさらにディオゲネス・ラエルティオスが報告しているのでしょうか。そうでもなさそうです。ソシクラテスの記述は直接的にはプラトンではなく、むしろ先ほどのヘラクレイデスに基づいているのです。というのも、この点については、ローマ時代の政治家であり、文人でもあったキケロ(前一〇六―四三)に次のような文章があるからです。少し長いですが、肝心のところを引用します。

……プラトンの弟子であり、第一級の学者であるポントス(黒海)のヘラクレイデスが書き記すところによれば、ピュタゴラスはプレイウスにやって来て、プレイウス人の王であるレオンと、いくつかの事柄について学識豊かに論じたという。その時レオンは、ピュタゴラスの才能と雄弁とに驚いて、彼に最も得意としている学術は何かとたずねた。だがピュタゴラスは、自分はそのような学術は何も心得てはいないが、哲学者(ピロソポス)である、と答えたということである。

するとレオンは、その名前の新奇さに驚いて、哲学者とはいったい何者であり、他の人々とはどこが違うのかと尋ねたが、これに対してピュタゴラスは、人間の生というものは、全ギリシアから集まって来る群衆を前にして最も華やかな競技で祝われる祭典に似ているように見えると答えたのである。すなわち、彼によれば、その祭典では、ある者たちは身体を鍛えて、栄冠の名誉と高貴を求め、ある者たちは商売による利得を目当てに寄り集まって来るが、他方、拍手喝采を求めるのでもなく、利得を求めるのでもなく、ただ観るためにやって来て、何が、どのように行なわれるかを熱心に見つめる、最も自由人らしい人々の部類が存在する。

それと同様に、われわれもまた、いわばある都市から、群衆の集うある祭典にやって来たかのように、別の生と世界から、この生へとやって来て、ある者たちは名誉の奴隷となり、ある者たちは金銭の奴隷となる。が、他のいかなるものも無価値と見なして、事物の本性を熱心に見きわめようとする人たちはわずかしかいない。彼らは、自分たちのことを知恵の愛好者と呼んでいるが、これこそ哲学者（ピロソポス）なのであって、祭典の場合に、何も自分のものを得ようとせずに、ただ観ることが最も自由人らしい行為であったように、人生においても事物の観想と認識が他のすべての営みにはるかにまさるのである。（キケロ『トゥスクルム荘対談集』第5巻八―九節）

この文章の内容は、ソシクラテスの記述をより詳しく伝えるものですが、キケロによれば、その典拠はヘラクレイデスにあります。また、キケロの文章には、これまでにない情報も含まれています。それは、「別の生と世界から、この生へとやって来て、……」という表現です。これはピュタゴラスの輪廻転生の考え方を反映したものと考えられますが、「名誉の奴隷」「金銭の奴隷」、そしてそれらと対置される「知恵の愛好者」（＝「哲学者」）という部類分けは、先ほども述べたように、プラトンの考え方です（『パイドン』68C、『国家』第九巻581C）。だとすると、ピュタゴラスはプラトンに先立って、このような考え方をもっていたのでしょうか。そしてのちにそれをプラトンが受け入れ、踏襲したのでしょうか。

ピュタゴラス自身の書き物がない以上、確かなことはわかりません。しかし、もしピュタゴラスがこのような考え方をもっていたとすれば、プラトンが何らかの仕方でそのことを自分の著作のなかで伝えていたと考えられます。ピュタゴラスその人については、プラトンは全著作中ただ一カ所で、ピュタゴラスが「ピュタゴラス的な生き方」のゆえに特別に敬愛されていたと述べているだけです（『国家』第一〇巻600B）。また、ヘラクレイデスと同時代の人であり、多くの資料にも目を通していたアリストテレスにもそのような報告はありません。アリストテレスもただ一カ所で、「イタリアのギリシア人たちはピュタゴラスを尊敬していた」と述べているだけです（『弁論術』第二巻第二三章1398b15）。イタリアはピュタゴラスが後半生を過ごし、その生涯を終えたところです。

こうしたことを考え合わせれば、ピュタゴラスが自分を「哲学者」と名のったというのは、むしろキケロが根拠にしているヘラクレイデスの創作と見られ、それが時代とともに伝説化していった可能性が高いと推測されます。とはいえ、推測以上のものではありません。

3　ヘラクレイトスの断片

今、間接的な伝承を離れて、ピュタゴラス（前五三〇頃）と同時代に、そもそも哲学に関連する言葉が見出されるかどうか、この点を確認する必要があるでしょう。ところが、そのような言葉はほとんど見当たらないのです。例外はただ一つ、ヘラクレイトスの断片三五です。こう言われているのです。

> 知恵を愛し求める人（ピロソポス・アネール）たちは、まことに多くのものごとの探求者でなければならない。

ヘラクレイトスは前五〇〇年頃の人で、エーゲ海東側のイオニア地方エペソスの出身です。彼の言葉は断片（後代の人たちの引用に見出される部分的な文章）としてたくさん残されています（一二〇余り）。「人は同じ川に二度入ってゆくことはできない」（断片九一）といった言葉など、いわゆる「万物流転説」でヘラクレイトスは著名ですが、ここで「知恵を愛し求める」を意味する「ピロソポス」は形容詞として使われ、「人（アネール）」を修飾しています。この「ピロソポス・アネール」が「哲学者」という特定のタイプの人間を指しているかどうか、はっきりしません。この断片は、単に、知恵を求めようとする人たちは非常に多くのことを探求しなければならない、と言っているだけかもしれません。ピュタゴラスと同時代には、この断片以外に、「ピロソポス」という語は見当たらないのです。ただし、「ピロソポス」という形容詞が使われ、しかもこの断片では「知恵を愛し求める人たち」というふうに、それが複数形になっているということを考えると、ここでは「ピロソポス」という言葉はすでに一般的に用いられていた可能性があります。もしそうだとすれば、哲学に関連する用語はほかにも見出されるのではないかと予想されます。ピュタゴラスやヘラクレイトス以前に、そのような言葉があるのでしょうか。

4 ソロンについて

これまで見てきたように、前八世紀のホメロスや、七世紀のヘシオドスにはそうした用例は見出されないのですが、前六世紀にかけて、アテナイに民主制への道を開いた政治家であり、詩人でもあったソロン（前六四〇頃―五六〇頃）について哲学関連の言葉が使われています。それは、前五世紀の歴史家ヘロドトス（前四八五頃―四二五頃）の九巻本の書物『歴史』に見出される記述です。ソロンはアテナイに法律を制定したのち、諸国見物という口実のもとに一〇年間の予定で外遊に出ます。エジプトを訪れた後、現在のトルコの中心部に位置するリュディア王国に向かい、その首都サルディスで王のクロイソスに会います。当時、リュディアはクロイソスによって隆盛をきわめ、ギリシアの賢者（ソピステス）たちが、かわるがわるサルディスを訪ねていました。ソロンもその一人ということになりますが、クロイソスは自分の豪華な財宝をソロンに見せた（というより、見せつけた）うえで、次のように言うのです。

アテナイの客人よ、そなたの噂はこの国へも雷のごとく響いておる。そなたの賢者であることはもとより、知識を求めて広く世界を見物して廻られた漫遊のことも聞き及んでおる。そこでぜひそなたにお訊ねしたいと思ったのだが、そなたは誰かこの世界で一番仕合せな人間に遭われたかどうかじゃ。（ヘロドトス『歴史』巻一第三〇節、松平千秋訳、岩波文庫）

これを聞いてソロンは、アテナイのテロスという、祖国のために戦死した意外な人物の名をあげたので、クロイソスはびっくりするのですが、それはともかく、クロイソスの発言のなかの、「知識を求めて」という表現です。これの原語は、「ピロソペオーン」という言葉で、「知恵を愛する（ピロソペイン)」という動詞の分詞のかたちなのです。つまり、哲学関連の言葉が、クロイソスの口からソロンについて言われているのです。ソロンは広く世界を見物しており、この見物との関連で「ピロソペオーン」と言われており、この言葉は、この文脈では、異文化に触れ、見聞を広めるといった意味になるものと考えられます。つまり、ソロンは何かの参考になるような、あるいは興味深い「知識を求めて」いるのであって、それは法制度に関するものかもしれないし、建築や農業技術に関するものかもしれません。いずれにせよ、その知識の内容は何か特定のものではないでしょう。幅広い教養のたぐいと言えるかもしれません。もしこれが動詞「ピロソペイン」の一般的な用法だとすれば、先のヘラクレイトスの断片の「ピロソポス」という形容詞についても同じように考えられるかもしれません。

要するに、前八世紀から六世紀までは、このように用例はたった二つしかなく、しかも何か特別な意味は見当たらないのです。この場合、用例が二つというのは、必ずしも証拠が乏しいということではありません。使われている言葉が一般的なものであるかぎり、その言葉の背後にはそれを使っている多くの人たちがいると想像されるからです。特に動詞の「ピロソペイン」はソロンではなく、クロイソスが使っているのであって、それはごく普通の一般的な言葉ではなかったかと思われます。

とはいえ、私たちが探している名詞の「ピロソピアー」はまだ見出されません。その名詞が出現するには、「知恵を愛する」という行為そのものが何か一つの明確な営みとして、いわば「愛知」として認識されなければなりません。時代が下って前五世紀になるとどうでしょう。その世紀の後半はソクラテス（前四六九―三九九）の時代ですが、ソクラテスについては彼の裁判に出席し、それを描いたプラトン（前四二七―三四七）の『ソクラテスの弁明』（以下、『弁明』）があります。これはもちろん、ソクラテス裁判（前三九九年）以後に書かれたものであって、前四世紀の作品です。しかし『弁明』は、裁判当時の状況を、著者プラトンの目撃に基づいて記録しているものとして重要です。私たちはのちにこれを見ることになるでしょう。

5 ペリクレスの演説

ソクラテス裁判以前の手がかりとしてはヘロドトスと同じく、歴史家であったトゥキュディデスの『歴史』（あるいは、『戦史』）があります。これはアテナイとスパルタの戦争（ペロポネソス戦争、前四三一―四〇四年）を記録した八巻本の書物ですが、それの第二巻三五―四六節に、アテナイの有名な指導者ペリクレスの戦没者追悼演説が報告されています。ソクラテス裁判より三〇年ほど前のことです。前四三一年の春に戦争が始まりますが、すでにアテナイ側に戦死者が出て、その年の冬に最初の国葬が行なわれ、ペリクレスが弔辞を述べ、演説をします。この葬儀には、戦没者の遺族だけではなく、他の一般の人たちも参列しています。この集まった参列者たちに通じる言葉で、ペリクレスは演説するのです。彼は祖国のために命を失った戦没者を讃え、民主制国家アテナイを讃えます。そして次のような言葉が語られます。

われわれは質素に美を愛し（ピロカルーメン）、柔弱になることなく知恵を愛する（ピロソプーメン）。

（トゥキュディデス『歴史』第二巻四〇節）

この言葉を葬儀の参列者たちはみな聞いているのです。まったく普通のギリシア語が話されていると考えられます。そうでなければ、演説は一般の聴衆に通じないでしょう。この場面で私たちは、「知恵を愛する」という言葉に出会います。「ピロソプーメン」というのは、動詞「ピロソペイン」の一人称複数形です。主語は「われわれ」です。ペリクレスはどのような意味でこの言葉を語っているのでしょうか。ソロンの場合と同じような意味で使っているのでしょうか。そのように考えられますが、少し様子が違うように見えます。

ペリクレスはアテナイとアテナイ人を讃えているのです。つまり、質素に美を愛することを誇りにしている、逆に言えば、美を愛する場合、通常、華美に流れやすいが、われわれはそうではないのだと、同様にまた、われわれは知恵を愛するけれども、柔弱にはならない、つまり、市民としての義務と責任を立派に果たすのだと、こういった意味のことを言っているのです。この場合の「知恵を愛する」というのは、単に見聞を広めたり、一般的な知識を求めたりすることではなく、より積極的に、幅広い教養を身につけたり、専門的な知識を求めて学問研究をする、といった意味だと考えられます。ところが、学問の愛好は勇気と両立しがたい。教養の方面を重んじたり、学問研究に没頭したりすると、人は閉じこもったり、ひ弱になったりしがちです。けれども、アテナイ人はそうではないのだと、いわば文武両道だとペリクレスは言いたいのです。

しかし、ここでも名詞の「ピロソピアー」は出てきません。出てきてもよさそうなのに、出てきません。いったいこの名詞はどこに見出されるのでしょうか。それが頻繁に現われるのは、実はプラトンの作品なのです。とすれば、それはプラトンの造語でしょうか。そう考えたくなりますが、必ずしもそうではありません。少し他の文献を見てみましょう。

6 論文「古い医術について」

ソクラテスと同時代に医学の祖と言われるヒッポクラテスがいますが、その人の名を冠して伝えられる論文集『ヒッポクラテス集典』のなかに、「古い医術について」という論文があります。著者は確定できず不明なのですが、その論文は前五世紀末頃、つまりソクラテスの時代に書かれたと推定されています。そこにはこんなことが書かれています。

次のように説く医者たちとソピステス（知識人）たちがいる、すなわち人間とは何かを知らない人には医術を知ることができない、人間を正しく治療しようとする人はこのことを学び知らなければならないと。ところでこの人たちの論は哲学（ピロソピエー）にかかわっている、たとえばエンペドクレスその他の人々が自然について書き、そもそも人間とは何であるか、最初どのようにして生じたか、何からできているのかを書いたように。しかしながら私としては、まずソピステスや医者の誰かによって自然について語ったり書いたりされて来たことがらは、絵画術と関係があるよりももっと少ししか医術とは関係がないと考えるものである。次に自然についての明らかな知識を得ることは医術以外のどこからもできはせず、そしてそれを学び知ることは、ほかならぬ医術そのものの全体を正しく把握してこそ可能なのであって、それまではとうてい不可能だと考えるものである。（「古い医術について」二〇節、小川政恭訳に準拠、岩波文庫）

ここでエンペドクレスのような「ソピステス（知識人）」たちが批判されています。彼らの議論は「哲学（ピロソピエー）」にかかわっているのだと。「ピロソピエー」というのは、「ピロソピアー」のイオニア方言で、両者は同じ言葉です。ちなみに、「ピロソピアー」というのはアッティカ方言です。エーゲ海をはさんで、東が小アジアのイオニア地方、西がアテナイを中心とするアッティカ地方です。

ここにようやく名詞の「ピロソピエー（ピロソピアー）」が現われます。エンペドクレス（前四九五頃―四三五頃）はペリクレスと同時代の人ですが、イタリアのシケリア（シチリア）島アクラガスの出身で、『自然について』や『浄め』といった著作があり、今日一四七ほどの断片が伝えられています。また、『医術論』という著作があったことも伝えられています（ディオゲネス・ラエルティオス『ギリシア哲学者列伝』第八巻七七節）。

「古い医術について」の著者が「ピロソピエー」という言葉によって意味しているのは、エンペドクレスの議論です。それは自然世界について論じ、人間の発生について論じてゆくものであって、それに基づく新式の医術は人間の観察から出発する本来の医学（古来の医術）とは順序が逆であり、別物だということです。要するに、ここでは「ピロソピエー」はいわば思弁的な自然学として捉えられているのです。実際、「古い医術について」の著者はその論文の冒頭でこうも言っています。

これまで医術について論じたり書いたり試みてきた人々は、その所論のために自分勝手な仮定を立てている。すなわち、熱・冷・乾・湿その他を立て、このことによって、人間にとって病気や死の原因となるものを同一の原理へとしぼって行き、すべてに共通の一、二を仮定している。だから彼らはその主張する多くのことにおいてもちろん誤っている。しかもこれはとりたてて非難に値する。というのは、ことは実地において行なわれる技術に関するものだからである。……他のどんな技術においても技術者の手腕と見識に大きな優劣があるものだが、同様のことが医術においてもあると言える。だから私は、医術は空虚な仮定を必要としないと考えた次第である。仮定は、たとえば露出していないものやそこへ行きようのないもの、すなわち天体や地下の事柄について何かを論じようと企てる場合に必要になるわけである。そしてそれらがどんなものかを誰かが論じて判断しても、論者自身にも聞く人々にも、真偽のほどが判然とはなりえないのである。なぜなら確実さを知るための規準になるものがないからである。(「古い医術について」一節)

ここで著者は、「医術は空虚な仮定を必要としないと考えた」と述べ、その場合の「空虚な仮定」とは、たとえば、「天体や地下の事柄」について論じようと企てる場合に必要になるものとしています。「天体や地下の事柄」とは「そこへ行きようのないもの」、あるいは「露出していないもの」であって、われわれの手の届かないところにあり、それらについて仮定を立てて論じても、その議論の真偽は検証しようがない、ということです。しかし医術はそのようなものではない、それは「実地において行なわれる技術」だからだ、と著者は考えています。このような考え方からすると、「ピロソピエー(ピロソピアー)」とは、実証の伴わない「空虚な仮定」に基づく議論であり、よく言えば、純理論的な学問、わるく言えば、単なる思弁ということになるでしょう。

7 ソクラテスの発言

このような名詞「ピロソピアー」の用語法は、先のペリクレスの演説における動詞「ピロソペイン」につながるものです。ペリクレスは「知恵を愛する」ことが「柔弱」に傾きやすいことを踏まえて、逆に、アテナイ人たちはそうではないのだと力説していたからです。要するに、前五世紀末には、「知恵を愛する」営みである「ピロソピアー」は、純理論的な学問と見られていたということです。このことを裏づける証拠はソクラテスの発言のうちにも見出されます。若者たちがソクラテスを真似て、他の人たちを吟味すると、その人たちは自分に腹を立てず、ソクラテスに腹を立てて、「ソクラテスというのはまったくけしからんやつだ、若者たちを堕落させている」などと非難するのですが、この人たちについてソクラテスは次のような事実を述べます。

そしてだれかがその人たちに、いったいソクラテスは何をし、何を教えているのか、とたずねても、彼らは何も答えることができず、そんなことは知らないわけですが、自分たちが返答に窮していると思われないために、知恵を求めるあらゆる人たちに向けられる手近なありきたりのことを、たとえば「天上の事柄や地下の事柄」とか、「神々を認めない」とか、「弱論を強弁する」などといった

ことを口にするのです。（プラトン『ソクラテスの弁明』23D）

この発言はソクラテス裁判でのものです。つまり、前三九九年になされています。これを見ると、当時すでに「知恵を求める（ピロソペイン）」人たちについて、一般的なイメージはあったと考えられるのです。「天上の事柄や地下の事柄」というのは、「古い医術について」の「天体や地下の事柄」と同じです。そしてこのようなことについて思索をめぐらす理論的な学が「ピロソピアー」と考えられていたのではないでしょうか。

とはいえ、「ピロソピアー」という言葉をつくり出した人がだれなのかは定かではありません。動詞の「ピロソペイン」と同じような、一般的なギリシア語ではないように見えます。なぜなら、「古い医術について」の著者は医学にたずさわる人であり、彼の使っている「ピロソピエー（ピロソピアー）」はアカデミックな世界、学問的な世界での用語だったのではないかと推測されるからです。現に、ソクラテスは裁判における弁明では「ピロソピアー」という言葉を一度も使っていないのです。「ピロソペイン」という動詞だけが語られるだけです。

それなら、ソクラテスは「ピロソピアー」という言葉を使っていなかったのでしょうか。必ずしもそうではありません。プラトンの前期作品『ゴルギアス』で、ソクラテスは不正をする人間が裁きを受けないのはいちばん不幸だと主張しますが、それを聞いた対話相手のカリクレスはこうしたソクラテスの主張を本気ではなく、冗談のように受け取ります。ところがソクラテスはカリクレスにはっきりと次のように言うのです。

……ぼくたちは二人であるが、めいめい二人のものに恋しているわけだ。ぼくが恋しているのは、クレイニアスの子のアルキビアデスと哲学（ピロソピアー）であり、君はまた君で二人のもの、つまり、アテナイの民衆（デモス）とピュリランペスの子のデモスとに恋しているのだ。（『ゴルギアス』481D、加来彰俊訳、岩波文庫）

政治家アルキビアデスとソクラテスとの恋愛関係（同性愛関係）は有名です。その様子はプラトンの『饗宴』などに生き生きと描かれています。ソクラテスはアルキビアデスだけでなく哲学（ピロソピアー）に恋しているのだと言われています。ちょうどカリクレスが美少年のデモスだけでなく「民衆」（原語は「デモス」であり、語呂合わせになっています）に恋しているように。さらにソクラテスは次のように言います。

ぼくがあんな話をしているからと言って、驚いてはいけないのだ。それよりもむしろ、ぼくの愛人である哲学に、あんな話をするのをやめさせたらいいのだ。なぜなら、ねえ君、ここだけの話だけれども、君が今ぼくから聞いていることは、実は哲学が話しているのだからね。（482A）

「哲学（ピロソピアー）が話している」と言われています。この場合の「哲学」とは、まさにソクラテスの「哲学」です。これは学問研究という意味での「哲学」でしょうか。けっしてそうではありません。この点については次の第三話で立ち入ってお話ししたいと思いますが、ここでソクラテスが「哲学」と言っているものは、彼が考えていること、話していることを指しています。何を考え、何を話しているのでしょう。それはたとえば不正や裁きなど、カリクレスとの対話で問題になっていることでしょう。つまり、「天体や地下の事柄」ではありません。おそらくソクラテスは不正をなすことや、なされることの意味について他の人々とも何度も議論したことがあるのでしょう。それればかりか、これからもずっと議論し続けるのでしょう。カリクレスはこのような「哲学」にいらだつのです。彼はこう言っています。

……実際、いい年になってもまだ哲学をしていて、それから抜け出ようとしない者を見たりするときに、ソクラテスよ、そんな男はもう、ぶん殴ってやらなければいけないとぼくは思うのだ。なぜなら、そういう人間は、さっきも言ったことだけれども、いかによい素質をもって生まれて来ていたところで、もう男子たる資格のない者となってしまっているからだ。かの詩人（ホメロス）が、男子たるものの栄誉を輝かす場所としてあげている、あの一国の中央の、人の集まるアゴラ（中央広場）を避けて、社会の片隅にもぐりこみ、三、四人の青少年を相手にぼそぼそとつぶやくだけで、

その余生を送り、自由に、大声で、思う存分の発言をすることもなくなっているというわけだ。（『ゴルギアス』485D-E）

さて、私たちは「ピロソピアー」の初出を「古い医術について」の「ピロソピエー」に認めました。しかし、その中心的な意味は「天体や地下の事柄」についての思索です。また、裁判でのソクラテスの発言によれば、動詞の「ピロソペイン」にもこのような意味が認められます。だとすれば、以上のことをふりかえって、次のように言えるのではないでしょうか。つまり、「ピロソペイン」という動詞は、ソロンの時代の前六世紀には、ごく一般的に「知識を求める」といった意味で使われていたけれども、前五世紀のエンペドクレスの時代になると、「ピロソピアー」という名詞もつくられるようになった言葉としても用いられ、知識人のあいだでは、「ピロソペイン」は理論的な探求を意味する言葉としても用いられ、のだと。のみならず、ソクラテスもまた、自分の考えていること、話していることに対して、同じ「ピロソピアー」という言葉を用いていたのだと。

そうだとすると、「ピロソピアー」という名詞は、前五世紀末のソクラテスの時代には、何より純理論的な探求を意味するものとして現われていたのであり、ソクラテスも同じこの名詞を使っていたということになります。しかしながら、「ピロソピアー」の内容については、差異があります。ソクラテスは「天体や地下の事柄」については探求していません。また、ソクラテスは自分のことを「哲学者（ピロソポス）」と呼んでいるわけでもありません。それなのに後代では、ソクラテスはまさに「哲学者（ピロソポス）」と呼ばれているのです。

たとえば、歴史家であり、地理誌家であったストラボン（前六四頃―後二一頃）は、ソクラテスが従軍していたデリオン（アテナイ北方の都市）の戦闘で、アテナイ軍が敗走していたときに、クセノポンが落馬して横になっているのを「哲学者ソクラテスが見て、……彼を肩に担いだ」などと述べています（『地誌』第九巻第二章七節）。またストラボンと同時代の、シケリア出身の歴史家ディオドロスも、「哲学者ソクラテスは、アニュトスとメレトスによって、不敬神と若者を堕落させる罪で告発されたが、死刑の判決が下され、毒人参を飲んで刑死した」と記しています（『世界史』第一四巻第三七章七節）。これはどういうことでしょうか。

ここには、私たちの考えるべき重要な問題が含まれているように思われます。ソクラテスの「ピロソペイン」、あるいは「ピロソピアー」は天上地下の探求とは異なる意味をもっていただけでなく、「哲学者ソクラテス（ソークラテース・ホ・ピロソポス）」という表現は、何か特定の意味をもつものとしてつくり出されたと考えられるからです。私たちはあらためて、ソクラテスの「ピロソペイン（知恵を愛する、知恵を求める）」の意味を、彼の発言に基づいて確認する必要があるでしょう。

第三話　ソクラテスの罪？

水時計の横で演説するソクラテス

1 「哲学者」という呼称

哲学者、と言えばソクラテスの名があげられ、ソクラテスはまるで哲学者の代名詞であり、典型であるように見えます。しかし彼は自分で、「私は哲学者だ」などと名のっていたわけではありません。ソクラテスは対話による哲学活動を生涯の仕事と考えていましたが、その仕事によって報酬を得るといったことはまったくなかったのです。実際、彼はだれの教師にもなったことがなく（『弁明』33A）、哲学を無償の仕事としていたため、「ひどい貧乏」をしていました（同23C）。哲学がいわゆる職業ではなく、まさにソクラテス自身の生き方であったとすれば、このような意味で、つまりソクラテスがそもそも何をする人かを示す意味で、彼のことを哲学する（知恵を愛し求める）人、すなわち、「哲学者（ピロソポス）」と呼ぶという可能性が出てきます。

プラトンはソクラテスのことを直接的に「哲学者」とは呼んでいませんが、そう捉えていたことは彼の作品の記述からはっきりとわかります。たとえば、ソクラテスの最後の日を描いた対話篇『パイドン』には、次のようなやりとりがあります。ソクラテスは対話者のケベスに対して、ソフィストのエウエノスへの伝言を述べながら、こうつけ加えます。

「さあ、ケベス、……もし彼（エウエノス）に分別があるなら、できるかぎりはやく、ぼくのあとを追って来るようにということもね。ぼくはどうやら、今日のうちにこの世を去ることになるようだ。アテナイの人々がそう命じているのだから」。（プラトン『パイドン』61B-C）

ソクラテスは、エウエノスに死ぬことを勧めているのです。この意外な発言にもう一人の対話者シミアスが反応し、ソクラテスが応答します。

「これはまた何ということを、ソクラテス、あなたはエウエノスにお勧めになるのですか。実際これまで何度も私は、あの人に会ったことがあります。そこで私の感じた印象からすると、彼があなたにすすんでしたがうようなことは、どう見てもほとんどありえないでしょうね」。

「どうして？」とあのかたは言いました、「エウエノスは哲学者ではないのかね？」。

「私にはそうだと思われます」とシミアスは答えました。

「それなら、エウエノスにせよ、だれにせよ、およそこの仕事にふさわしい仕方でたずさわっている者なら、すすんでぼくの言ったようにしようとするだろう。ただしおそらく、みずからに暴力を加えるようなことはしないだろう。それは神意にもとることだと言われているからね」。（プラトン同61C）

ここでエウエノスは「哲学者（ピロソポス）ではないのかね？」と言われています。このようにソクラテスが言ったのは、エウエノスも自分と同じ「哲学者」だと考えているからです。「哲学者」という呼称は、当然ソクラテスにもあてはまる言葉であり、また「この仕事（プラーグマ）」というのは「哲学」の仕事を指しています。このやりとりはすべて、パイドンによって報告されていますが、作者はプラトンです。プラトンがソクラテスを哲学者の典型として描き出しているのです。それはなぜでしょうか。

2 ソクラテスの仕事とは？

私たちはソクラテスの実際の仕事を見る必要があります。劇作品のなかのソクラテス、あるいはプラトン化されたソクラテスではなく、歴史におけるソクラテスの言行についてです。第一の手がかりは、これまでに何度か言及してきたプラトンの『ソクラテスの弁明』です。この作品はソクラテス裁判をプラトンの目撃に基づいて描いたものであり、歴史文書としての価値をもっていると考えられるからです。

ところで、ソクラテスの父はソプロニスコスという名で、職業は石工でした。母はパイナレテで産婆でした。ソクラテスは自分の先祖が伝説的な名匠のダイダロスであると言っており（『エウテュプロン』11C）、彼も石工の仕事をしていたと思われるのですが、彼が自分の人生においてなすべきことと考えていたのは人々と対話し、自分たちの生き方を吟味することでした。彼の理解によれば、それは神からの命令であり、神の手助けをする仕事だそうです（『弁明』23B、28E）。このようなソクラテスが神を敬わず、若者を堕落させるというのは信じがたいように思われます。ところが、前三九九年、ソクラテスは不敬神と若者を堕落させる罪でメレトスという人物に告発され、裁判で死刑判決を受けます。これはしかし、独裁政権下での弾圧的な判決ではありません。そういった判決なら単純に理解できます。ソクラテスは時の権力によって亡きものにされたのだと。そうではなく、この判決は民主制のもとで、五〇〇名の裁判員によって民主的に下された判決なのです。有罪か無罪かを決める投票では、有罪二八〇票対無罪二二〇票、死刑か罰金かを決める量刑の判決では、死刑三六〇票対罰金一四〇票となって、最終的にソクラテスの死刑が確定しました。いったいなぜこのような結果になったのでしょうか。ソクラテスの哲学が罪だったのでしょうか。

ソクラテスはこの結果を受け入れ、脱獄せず、刑に服し、友人のクリトンをはじめ親しい人たちの悲嘆のなか毒杯を仰ぎ、妻クサンティッペと三人の子どもを残して世を去りました。この様子はプラトンの『パイドン』で感動的に描かれています。ソクラテスに死をもたらした哲学、あるいは死の危険をもかえりみず彼が自分の仕事にしていた哲学、それはどのようなものだったのでしょうか。

ソクラテス裁判についてはさまざまなことが言われています。また、『ソクラテスの弁明』に関する研究書もたくさんあります。しかし、何よりも大事なことは『ソクラテスの弁明』そのものを読むことです。解説書や研究書、あるいはインターネットで得られるたぐいの知識は、すべて間接情報です。まずは、『ソクラテスの弁明』を自分の目で確かめることが必要です。間接情報をいくら集めてみても、原物を知ったことにはなりません。私のこの話も間接情報にすぎませんから、その点は注意して聞いてください。

裁判では原告のメレトスや民主派の政治家アニュトスらが告発弁論を行なったのち、水時計で時間を計られながら、被告のソクラテスが弁明するのですが、その弁明部分を描いたのが、みずから裁判に出席していたプラトンの『ソクラテスの弁明』です。それによれば、ソクラテスはメレトスらの告発に対して弁明を行なう前に、多年にわたってつくり出された自分に対する中傷を、つまり悪口を取り除く弁論を展開します。その悪口は不特定多数によるものであって、ソクラテスによれば、こんな内容です。「ソクラテスとかいう知恵のある人物がいるが、これは天上の事柄の思索者であり、また地下の事柄すべてを探り出し、弱論を強弁する者である」と（『弁明』18B-C）。民主制下の裁判では、世論が多かれ少なかれ力をもっています。ソクラテスは自分に対する偏見を取り除こうとするのです。

しかしこの中傷がどうして裁判沙汰に結びつくのでしょうか。

ソクラテスはこの中傷を告訴状のかたちで、こう言い直しています。「ソクラテスは罪を犯し、よけいなことをしている、すなわち、天上地下のことを探求し、弱論を強弁し、かつ同じこれらのことを他人にも教えている」と（19B-C）。もちろん、ソクラテスはこういったことを否定しています。裁判員たちが実際に見聞きしているソクラテスの日常の対話活動は、こういった内容のものではないからです。とすれば、どこからこんな悪口や知恵のある人物といったうわさが出てくるのでしょう。火のない所に煙は立たぬ、です。そこで、「しかしね、ソクラテスよ、君の仕事は何なのだ？　どこから、君に対するそうした中傷が生まれてきたのだ？　というのも、とにかく君が他の人たちのやらないよけいなことを何も仕事にしていないのなら、…その場合、これほどのうわさや風説はきっと生じてこなかったはずだからね」と、このように言う人がいれば、その人は正当なことを言っているとソクラテスは主張します（20C）。「君の仕事は何なのだ」と単刀直入に問われています。この「君の仕事」こそソクラテスの哲学を指す言葉であって、彼のうわさの根もとにあるものです。

3　何を知らないのか

ソクラテスの若いころからの友人にカイレポンという人物がいます。彼は何に取りかかっても熱中するタイプの人間で、ある時、デルポイの神託を受けることにしたのです。デルポイはアテナイから北西一二〇キロメートルほどのところで、そこには光明の神アポロンの神殿があります。カイレポンは、デルポイで、ソクラテスよりも知恵のある者がいるかどうかとたずねたのですが、そこの巫女ピュティアは、だれもいない、と答えたのです（21A）。この神託のことを聞いたソクラテスは、自分が大小何ごとについても、知恵のある者ではないことを自覚していたため、たいへん困惑します。神は嘘をつくはずはないし、自分は知恵があるとは思っていないし、いったい神は何を言おうとしたのだろう、とソクラテスは思い悩みます。そしてようやくのこと、彼は世間で知恵があると思われている人たちのところに行って、知恵のある人を見つけ出し、「ほら、この人の方が私よりも知恵がある、それなのにあなたは私の方が知恵があると言われた」と表明することによって、神託を論駁しようとしたのです（『弁明』21C）。

ソクラテスが訪ね歩いたのは、政治家、作家、技術者の三つのジャンルの人たちです。どの部類の人たちも社会的に地位のある人たちです。この人たちがソクラテスよりも知恵のあることがわかれば、神託は誤っているはずです。ところが、ソクラテスが対話しながら調べてみると、どの分野の人たちも知恵をもっていないことが判明するのです。

非常に大事な場面です。私たちはここで少し立ち止まる必要があります。いったい彼らは何について知恵をもっていないと、ソクラテスに思われたのでしょうか。

私たちが問題にしているのは、ソクラテスの哲学の内容です。以前に、お話ししていたと思うのですが（第一話の最後）、ソクラテスは「哲学とは何であるか」と問うことはありませんでした。彼にとって、哲学する（知恵を愛し求める）ことは明らかだったのであり、裁判で彼の話を聞いていた人たちも、「哲学する」の原語「ピロソペイン」の通常の意味を了解していたはずです。そうでなければ、ソクラテスは意味不明の言葉を使って弁明していたことになるでしょう。この事実を私たちはしっかりと受け止める必要があります。というのも、こうした事実を離れて「哲学とは何か」を考えてみても、その考えは、何か裏づけのないようなものになってしまうからです。

さて、たしかに当時のアテナイ人たちには、ソクラテスの語る「哲学する」、あるいは「知恵を愛し求める」という言葉の意味は了解されていたかもしれません。しかしさらに、求められる知恵が、何についての知恵なのか、その点が明らかでなければ、ソクラテスの哲学の内容も明らかでないでしょう。ソクラテスは天上地下の事柄に関する知識を求めていたわけではありません。では、何について彼は政治家や作家、あるいは技術者たちと対話したのでしょう。

ソクラテスが最初に訪ねたのは、ある政治家でした。その政治家と対話しているうちに、ソクラテスは、「この男は他の多くの人たちに知恵があると思われており、またとりわけ自分でもそう思っているのですが、実はそうではない、と私には思えたのです」と言っています（『弁明』21C）。そして彼はその政治家に「君は知恵があると思っているけれども、実はそうではないのだと、はっきり示そうと努めた」ために、その政治家からも、その場にいた人たちからも憎まれることになったと言っています。ここからソクラテスの自問自答が始まります。彼はその場を立ち去りながら、こんな思いを語っています。

しかしともかく、その場を立ち去りながら自分自身を相手に、私はこう考えるにいたったのです。この人間よりも私の方が知恵がある、と。なぜなら、おそらく、われわれのどちらも善美の事柄は何も知らないらしいけれども、この男は知らないのに、何か知っていると思っているが、私の方は知らないので、その通りにまた、知らないと思っているから。とすれば、彼よりも私の方が、まさにこのちょっとした点で、つまり、自分の知らないことはまた知らないと思っている点で、知恵があるらしい、と。(21D)

政治家が知らないのは、「善美の事柄」です。ソクラテスもこれを知らないのです。政治家とソクラテスとの違いは、政治家が知らないのに知っていると思っているのに対し、ソクラテスの方は知らないからその通りにまた知らない、という点にあります。ソクラテスの、いわゆる「無知の知」あるいは「無知の自覚」と呼ばれるものが表明されているくだりです。ソクラテス自身は「無知の知」とか「無知の自覚」といった用語を使ってはいません。こうしたキャッチフレーズは簡潔に表現されていて便利かもしれませんが、文脈から切り離されて独り歩きすると、大事な点が見落とされる恐れがあります。

今、ソクラテスも政治家も「善美の事柄」については何も知らないらしいのです。さらにソクラテスは訪ね歩きます。次は作家たちです。ところが、作家たちは「多くの美しいこと」を語るけれども、自分たちの語っていることを何も知らないことが明らかになります。そして最後に、専門的な知識をもっている技術者たちのところへ行きます。すると、彼らはたしかにソクラテスの知らないことをいろいろと知っていて、この点ではソクラテスよりも知恵があったのですが、自分の技術の分野以外、つまり専門分野以外の、ほかの「最も重要な事柄」についても自分が最も知恵があると思い込んでいたと、ソクラテスには思われたのです（22D）。

以上のことから、私たちに何がわかるでしょうか。問題は、「善美の事柄」、「多くの美しいこと」、「最も重要な事柄」といった表現で何が意味されているのかということです。「善美の事柄（カロン・カガトン）」とは何でしょう。「美しいこと」とは何でしょう。「善いこと」とは生まれの善さとか、財産の善さではないように見えます。「美しいこと」とは、チューリップの美しさとか、風景の美しさではないように見えます。何も説明されていませんが、同じような言葉として、ギリシア語で「善美の人（カロ・カガトス）」という非常に一般的な表現があります。これは「すぐれた人」を意味する言葉です。そうすると、「善美の事柄」とは「すぐれた人」の性格やふるまいの「善さ」や「美しさ」を指すものと、一応、考えられます。他方、「最も重要な事柄」の原語は「タ・メギスタ」であり、直訳は「最大の事柄」です。これは「善美の事柄」を言い換えた表現ですが、何か肝心の事柄、大事な事柄を意味しているように見えます。しかし具体的なことは何も語られていません。いずれにせよ、「善美の事柄」とか「最も重要な事柄」がソクラテスの哲学のかかわる対象と考えられます。

ここであらためて、確認しておきましょう。まず、哲学とは古代ギリシアで生まれた歴史的なものであって、その現場を見きわめることによって、「哲学とは何か」が明確になると私たちは期待してきました。この作業はとても大事です。私たちは歴史的な事実のなかで生きているからです。またその事実を知ることによって、私たちは自分だけの主観的な考え方を避けることができます。そういった観点から、これまで哲学関連の用語法を見てきました。そして私たちはソクラテスのところまでやって来ました。

とはいえ、哲学とはもともとこういうものであった、ということが知られても、それがある人にとってどのような意味をもつかは別の問題と考えられます。ソクラテスの哲学とはこういうものであった、といった哲学に関する一つの事実が明らかになっても、そのうえで、私たちはなおも「哲学とは何か」を問うことができるでしょう。つまり、哲学に関する歴史的な説明、あるいは事実的な説明がなされても、その事実がどのような意味をもつかは別に考えることができるはずです。たとえば、哲学とは死の練習である、という捉え方があります（プラトン『パイドン』67E, 81A）。これは、知恵を求めるという、哲学の文字通りの意味にひそんでいる、本質的な事柄を捉えようとしたものです。こうした捉え方は、ほかにもいろいろと考えることができます。それらのどれがより本質的か、この点を判断するためにも、やはり哲学に関する事実的な事柄が最初の重要な根拠となるはずです。

さて、私たちはソクラテスが裁判で「ピロソペイン」（知恵を愛し求める、哲学する）という言葉を自由に使っていた事実に、あるいは彼がカリクレスとの対話で「ピロソピアー」（哲学）という言葉を自由に使っていた事実に、いったい何が含まれているかをきちんと確認する必要があります。ソクラテスは、何について、どのような方法で、何のために、知恵を求めていた（哲学していた）のでしょうか。私たちは、彼が「善美の事柄」あるいは「最も重要な事柄」について対話（問答）していたことを確認しました。しかし、「善美の事柄」が具体的に何を意味しているのか、これをさらに突き止めなければなりません。また、どうして彼はのちに「哲学者」と言われるようになったのでしょうか。こうした問題を、私たちは歴史的なソクラテスを描いていると思われる『ソクラテスの弁明』を始めとする、プラトンの初期作品に基づいて、今一度よく考えてみる必要があります。

4 プラトンの初期作品

『ソクラテスの弁明』はメレトスに訴えられた被告のソクラテスが、法廷で弁論のかたちで自分の無罪を主張する場面を描くものであって、途中メレトスとの間でなされる若干の問答が含まれているとはいえ、私たちが見出すのは、あくまでも法廷でのソクラテスの姿です。つまり、『ソクラテスの弁明』は、ソクラテスがふだん行なっている日常的な対話活動、あるいは哲学活動の場面を描いてはいないのです。五〇〇名もの裁判員たちや多数の聴衆を前にして語りかけるソクラテス、私たちが彼から受けとる言葉は、彼の演説とも言うべきものです。しかもその内容は、裁判での弁明です。そのなかで、ソクラテスは自分の日常の行動について説明しています。その説明によって私たちはソクラテスの基本的な考え方を直接知ることができますが、それは彼が日々行なっている対話の現場での、彼の思考の動きや展開とは異なるものです。多数を相手にする演説は、ソクラテスの哲学の方法（対話の方法）によるものではないからです。一人の人間を相手にして言葉をやりとりする、ソクラテスの対話や議論が実際にどのようなものであったかについては、私たちはプラトンのいくつかの初期作品を見なくてはなりません。

今、初期作品、と言いました。これについても、ここでひと言、触れておきたいと思います。プラトンの作品は現在、九つの「四部作集」（しばしばギリシア語の原語で「テトラロギアー」と言われます）として伝えられています。単純に計算すると三六作品になりますが、偽作と言われるものや書簡のたぐいが含まれていますから、それらを除くと、プラトンはおよそ三〇余りの作品を生涯に書いたことになります。作品を書き始めたのは、ソクラテスの刑死後（前三九九年以後）と見られますから、プラトンは前三四七年の死にいたるまで、五〇年近く、さまざまな作品について構想し、書いていたと考えられます。そのあいだに、当然、プラトンの考えにも変化が生じます。これは、たとえば、夏目漱石の場合などと同じです。『坊ちゃん』を書いていたときの漱石と、晩年に『行人』や『明暗』を書いていたときの漱石とでは、考え方にだいぶ違いがあるでしょう。プラトンも『エウテュプロン』を書いていたときと、『ティマイオス』や最晩年の『法律』を書いていたときとでは、考え方にいろいろと変化が認められるのです。そこで、プラトンの三〇余りの作品は文体や内容における顕著な特徴を基準にして、研究者の間では、通常、前期（初期）、中期、後期の三つのグループに分けられています。

『パイドン』をはじめとする中期の作品の特徴はイデア論です。また『パルメニデス』や『テアイテトス』、『ティマイオス』など、後期の作品の特徴は、イデア論の検証や、ソクラテスの問題にしなかった知識論や宇宙論です。中期も後期も、プラトン自身の哲学の展開と見られます。それに対して、『ラケス』や『エウテュプロン』をはじめとする前期（初期）作品は、むしろありのままのソクラテスを描いていると考えられます。ありのまま、と言っても、もちろん、プラトンが見たかぎりでの、あるいは、プラトンが捉えたかぎりでの、「ありのまま」です。ここには当然プラトンの視点が入っていますが、それはソクラテスをどのような観点から捉えるかということにかかわるものです。つまりその視点は、ソクラテスがたとえばどんな買い物をし、どんな食事をしていたかとか、あるいはふだん奥さんのクサンティッペとどんな会話をし、子どもたちとどんな遊びをしていたかとか、こういったことに注目するのではなく、彼の哲学的な対話活動に注目するということです。初期作品で描かれるソクラテスは、ソクラテスの特徴的なところを描き出そうとするものです。そのソクラテス像は、たとえプラトンの創造（あるいは、想像）の所産ではあっても、『ソクラテスの弁明』におけるソクラテスの発言との対応関係から、まだプラトン化されていない、歴史的なソクラテスの哲学を再現していると見られます。

5 哲学するのは若い時だけか？

ソクラテスを主人公にした作品は、当時、プラトンだけでなく、『ソクラテスの思い出（言行録）』の著者クセノポンやその他の人たちによっても書かれていたのですが（クセノポン以外の人たちの作品はすべて散逸し、今ではわずかな断片が残るだけです）、こうした作品は、「ソクラテス対話篇」と呼ばれています（アリストテレス『詩学』第一章1447b11）。ソクラテスの哲学を知るには、この「ソクラテス対話篇」、とりわけプラトンの初期作品が重要な手がかりになりますが、まずは、そのいちばん基礎となる肝心の『ソクラテスの弁明』のなかで、ソクラテスが哲学について語っているところを見なくてはなりません。その発言のなかに、ソクラテスの哲学の骨格全体があると言ってもよいくらいです。また、ソクラテスがなぜ「哲学者」と呼ばれるようになったのか、その手がかりも見出されるはずです。以下では、たいへん有名な箇所の全文（29D-30C）を少しずつ引用しながら、ソクラテスの哲学に関する考え方を確認していきたいと思います。

さて、ソクラテスは法廷で、メレトスの告発に対する弁明を終了したのち、その告発の源が自分の対話活動（哲学活動）によって多くの人々の間に生じた自分への憎しみであることに触れながら、五〇〇名の裁判員たちに向って、「あなたがたが私を、まさに私が述べたように、こうした条件で（＝哲学をしないという条件で）放免してくれるとしても、私はあなたがたに言うでしょう」と前置きして、こんなふうに語りかけるのです。

> アテナイ人諸君、私は君たちにこよなく愛着をおぼえ、愛情を抱いている。しかし私は君たちにしたがうよりもむしろ神にしたがうであろう、そして息の続くかぎり、また私にそれができるかぎり、私はけっして知恵を愛し求める哲学をやめず、君たちに勧告し、君たちのだれに、いつ出会っても指摘するのをやめないだろう、いつもと変わらない言葉を語りながら。……

そして最後に、こう言います。

> ところで、もしこうしたことを言って、私が若者たちを堕落させているのだとすれば、私の言って

いることは有害なのかもしれません。しかしもしだれかが、これ以外のことを私が言っているのだと主張しても、その人はあらぬことを語っているだけなのです。以上のことを踏まえたうえで……アテナイ人諸君、アニュトスにしたがうなりしたがわないなり、そして私を放免するなりしないなり、どちらにでもしてください、というのも、たとえ私は何度死ぬことになろうとも、これ以外のことはしないでしょうから。(プラトン『ソクラテスの弁明』29D-30C)

「いつもと変わらない言葉を語りながら」に続く発言は省いていますが、その内容についてはあとで見ることにします。ここではまず、「息の続くかぎり、また私にそれができるかぎり、私はけっして知恵を愛し求める哲学をやめず」という表現に注意したいと思います。言われていることはむずかしくないでしょう。「知恵を愛し求める哲学を」の原語は、「ピロソペイン」の分詞「ピロソポーン」が使われており、直訳は「知恵を愛し求めるのを」、あるいは「哲学するのを」となるのですが、どちらか一方の訳を採用すれば、文意が十分に伝わらない恐れがありますので、「知恵を愛し求める」と「哲学する」の両方の意味を出すために、「知恵を愛し求める哲学を」というような訳にしてあります。つまり、一つの原語に二つの訳語をあてているのです。少しぎこちないように見えますが、これは古典語の原意をできるだけ正確に伝えるために、しばしば採られる方法です。

しかし、この一文で重要なのは、むしろ「息の続くかぎり、また私にそれができるかぎり」という表現です。語りかけの最後で言われている言葉、つまり「私は何度死ぬことになろうとも、これ以外のことはしないでしょう」という発言も、同じ趣旨です。これは何を意味しているのでしょうか。

単純にこう考えられます。つまり、生きているかぎり、そして可能なかぎり、私は哲学をするのだと。あるいは、たとえ殺されることがあっても、生きているかぎり、哲学をやめないのだと。これは、哲学の特性についてたいへん重要なことを述べています。どういうことかと言えば、哲学と人生とが一体のものになっている、ということです。これがここでのソクラテスの考えなのです。ですから、たとえば、哲学は大学で学んで、それで終わり、というようなものではない、ということです。あるいは、ある哲学の本を読んで、自分の何らかの悩みが解消して、それで終わり、というようなものでもないのです。つまり、ソクラテスによれば、哲学に終わりはないわけです。生きているかぎり、そしてそれができるかぎり、哲学をするということです。どうしてそうなのか、少し考える必要があります。たとえば、プラトンの『ゴルギアス』という作品では、カリクレスという人物が、ソクラテスに反論して、こんなことを言います。

いいかね、ソクラテス、哲学というものは、たしかに、結構なものだよ、ひとが若い年頃に、ほどよくそれに触れておくぶんにはね。しかし、必要以上にそれにかかずらっていると、人間を破滅させてしまうことになるのだ。なぜなら、せっかくよい素質をもって生れて来ていても、その年頃をすぎても哲学をつづけていたのでは、立派なすぐれた人間となって、名声をうたわれる者となるのにぜひ心得ておかなければならないことがらを、どれもみな心得ないでしまうにきまっているからだ。すなわち、そのような人間は、国家社会に行なわれている法律や規則にもうとい者となるし、また、公私いろいろの取り決めにあたって、人びとと交渉するのに用いなければならない口上も知らず、さらに、人間がもついろいろな快楽や欲望にも無経験な者となるからである。つまり、一口でいえば、人さまざまの性向について、まるっきり心得のない者になるからなのだ。だから、そんな状態で、公私いずれにもせよ、何らかの行動に出るようなことがあれば、物笑いの種になるだけであろう…。

(『ゴルギアス』484C-E、加来彰俊訳、岩波文庫)

ここでカリクレスは二つのことを言っています。一つは、哲学は若いころにほどよく触れるべきこと、もう一つは、哲学を長くやっていると、人間がだめになるということ、この二点です。こうした主張は、現代でも一般に見られるかもしれません。哲学は大学時代に少しかじっておくのはいいけれども、それをずっとやり続けるのは問題だと。ところが、ソクラテスは「息の続くかぎり」哲学をやめない、と言っているのです。この違いはどこから来るのでしょうか。それは哲学の内実をどのように見ているかに関係するはずです。今の日本でいえば、きちんと就職しようとするなら、大学では社会で役立つ学問、たとえば、理系の工学や医学や薬学など、文系では経済学や法学や社会学などを学ぶべきであって、何の役にも立ちそうにない哲学を専攻すれば、まともに就職もできない、と言われるかもしれません。この場合の日本での「哲学」というのは、現在の大学での「哲学」であって、主として西洋の哲学文献の研究を指しています。しかしカリクレスは古代ギリシア人です。彼は哲学の内実をどのように考えていたのでしょうか。彼はこんなことを言っています。

けれども、一番正しいのは、哲学と政治のその両方にたずさわることだと思う。哲学には、教養のための範囲内で、ちょっとたずさわっておくのはよいことであるし、若い時に哲学をするのは、少しも恥ずかしいことではない。しかし、もはや年もいっているのに、人がなお哲学をしていると なると、これは、ソクラテスよ、滑稽なことになるのだ……。

つまり、若い年頃の者が哲学をしているのを見れば、ぼくは感心するし、それはふさわしいことだと思う。そしてそういう人間には、何か自由人らしさがあるように思うのだ。これに反して、この年頃に哲学をしないような者は自由市民とは思えず、将来においても決して、立派なよい仕事をする見込みのぜんぜんない者だと思う。しかしながら、実際、いい年になってもまだ哲学をしていて、それから抜け出ようとしない者を見たりするときは、ソクラテスよ、そんな男はもう、ぶん殴ってやらなければいけないとぼくは思うのだ。（『ゴルギアス』485A-D）

カリクレスは当時の、通常の哲学の概念を念頭に置いていると思われます。つまり、ペリクレスの演説に見られるような、いろいろな学問研究をする、という意味での「哲学」です。このような「哲学」を若い時に「教養のため」にしておくのはよいことだと、彼は考えているのです。学問研究としての「哲学」は世間的な利害や損得とは無関係であって、それをする若者には「自由人らしさ」が認められるだけでなく、将来、立派な仕事をする可能性もある、と彼は主張しているのです。しかしずっと哲学をする者、つまり、年がいっても学問研究に没頭し続けるような者は、国家社会において、役立たずになり、ろくでなしだと思っているのです。

このように考えるカリクレスは、たとえば今の大学における学問研究を否定しているように見えますが、必ずしもそうではありません。今の大学では、実利に結びつく学問研究がたくさんなされているからです。また彼は、実利に結びつかないような、純理論的な学問研究や文学研究のようなものを否定しているわけでもありません。なぜなら、それらは「教養」として意義がある、と彼なら言うでしょうから。むしろカリクレスは、その種の「哲学」への深入りを禁じているのです。深入りすれば、自分たちが現に生きているこの社会に乗り出して、そこで活躍する能力を失うことになるだろうと、いわば風采の上がらない、だめな人間になるだろうと、彼は見ているのです。ソクラテスの考えはこのようなカリクレスの見方と正反対です。なぜでしょうか。ソクラテスは「哲学」をどのように考えているのでしょうか。

6 ソクラテスの主張

手がかりは、前節のはじめの引用で私が省いていた、「いつもと変わらない言葉を語りながら」に続く文章にあります。それを少しずつ見ていくことにしましょう。省かれた文章は次のようになっています。少し長いかもしれませんが、「いつもと変わらない言葉を語りながら」の一文を含め、全文を引用します。そして要点を読みとりやすくするために、（1）～（5）の番号で区切りを入れることにします。ソクラテスはこんなふうに言っています。

……君たちに勧告し、君たちのだれに、いつ出会っても指摘するのをやめないだろう、いつもと変わらない言葉を語りながら。「世にもすぐれた人よ、君はアテナイ人であり、知恵においても、強さにおいても最も偉大で、最も評判の高い国家の一員でありながら、（1）金銭ができるかぎり多く自分の手に入ることばかりに気をつかっていて、恥ずかしくはないのか、評判や名誉のことは気にしても、思慮や真実、そして魂ができるかぎりすぐれたものになるように、といったことには気をつかいもせず、気にかけもしないというのは」。

そこでもしあなたがたのだれかがこれに異議を唱えて、いや、自分は気をつかっている、と主張するならば、私はその人をすぐには立ち去らせず、私も立ち去らずに、その人に問いかけ、調べ、吟味するでしょう。そして（2）もしその人が徳を所有していると主張しているけれども、実は所有していないのだと私に思われたなら、私は、最も価値あるものを最も粗末にし、よりつまらないものをより大切にしていると言って非難するでしょう。こうしたことを私は、老若問わずだれに出会ってもすることになるでしょう。他国の人にもこの都市の人にもするでしょう。しかし、この都市の人たちにはよけいにそうするでしょう、あなたがたはそれだけ私に種族的に近いのですからね。

こうしたことは、実際、いいですか、（3）神が命じているのです、そして私が思うに、これまでこの国において、この私の神への奉仕以上に大きな善があなたがたに生じたためしはないのです。というのも、私が歩きまわって行なっていることはと言えば、ほかでもなく、あなたがたのなかの年少の者たちにも、年長の者たちにも、（4）魂ができるだけすぐれたものになるよう気づかい、それよりも先に、またそのこと以上に激しく熱心に、身体や金銭のことを気づかってはならないと説得していることだけであって、その際、私はこう言っているのです。（5）「金銭から徳が生じるのではなく、金銭その他のものがすべて、人間にとって善きものになるのは、公私いずれにおいても、徳によるのだ」と。（『ソクラテスの弁明』29D-30B）

ここにはソクラテスの哲学について、大事なことが述べられています。要点を抜き出して整理すると、以下の五項目になるでしょう。

（1）金銭ができるかぎり多く自分の手に入ることばかりに気をつかい、また、評判や名誉のことは気にしても、思慮や真実、そして魂ができるかぎりすぐれたものになるように、といったことに気をつかわないのは恥ずかしいことだ。

（2）人が徳を所有していると主張しているけれども、実は所有していないのだと私に思われたなら、私は、最も価値あるものを最も粗末にし、よりつまらないものをより大切にしていると言って非難する。

（3）こうしたことは、神が命じている。そして私が思うに、これまでこの国において、この私の神への奉仕以上に大きな善があなたがたに生じたためしはない。

（4）私が歩きまわって行なっていることはと言えば、あなたがたのなかの年少の者たちにも、年長の者たちにも、魂ができるだけすぐれたものになるよう気づかい、それよりも先に、またそのこと以上に激しく熱心に、身体や金銭のことを気づかってはならないと説得していることだけである。

（5）金銭から徳が生じるのではなく、金銭その他のものがすべて、人間にとって善きものになるのは、公私いずれにおいても、徳によるのだ。

これらはどのような意味をもっているのでしょうか。引用文の文脈に即しながら、とりあえず、一つ一つ見ていきましょう。

最初に、「君たちに勧告し、君たちのだれに、いつ出会っても指摘するのをやめない」と言われています。ソクラテスは何を勧告し、何を指摘するのでしょうか。それは、(1)(2)(4)で述べられています。その要点はこうなります。(1)では、金銭、評判、名誉と、思慮、真実、魂のすぐれたあり方とが対比され、前者のものばかり気にしているのは恥ずべきこととされ、(2)では、表現が変えられて、徳とそれ以外のもの(具体的には、金銭、評判、名誉などのことでしょう)とが対比され、徳は「最も価値あるもの」と考えられ、他方、それ以外のものは「よりつまらないもの」と見なされています。そして、(4)では、魂のすぐれたあり方と、身体や金銭とが対比され、前者の魂のすぐれたあり方こそ気づかわなければならない、と主張されています。要するに、金銭、評判、名誉などと、徳とが対比されており、徳こそ気づかわねばならない、ということです。

しかしながら、こう言ってしまうには少し説明が必要です。というのも、「魂」や「徳」という言葉は、ふだん私たちがあまり使わないものだからです。もっとも、ここでこうした言葉の意味をいちいち考えずに素通りすることもできるかもしれません。しかし、どちらの言葉もソクラテスの発言のなかで非常に重要なキーワードです。一応、基本的なことを確認しておきましょう。

7　魂（プシューケー）と徳（アレテー）

まず、「魂」についてです。「魂」と訳されたもとのギリシア語は、「プシューケー」（ψυχή）です。この「プシューケー」という言葉は身体、肉体と対比されるような「魂」という意味をもちますが、基本的な意味は、「命」とか「生命」なのです。ですから、「プシューケー（魂）」は人間だけでなく、他の動物や植物にも認められます。それらはみな生きているからです。それどころか、七賢人の一人と伝えられるタレス（前五八五頃）は、鉄を動かす石（磁石）を証拠にして、無生物と見られるものにさえ「プシューケー（魂）」を認めていたと言われています（アリストテレス『魂について』第一巻第二章405a19、ディオゲネス・ラエルティオス『ギリシア哲学者列伝』第一巻二四節）。

ものを動かす、という点に着目すれば、私たちの目にするこの宇宙全体も動いているのですから、それは「プシューケー（魂）」によって動かされ、「プシューケー（魂）」が宿っていると考えることもできます。このように考えるギリシアの哲学者たちは少なくないのですが（プラトン『法律』第一〇巻899B、アリストテレス『魂について』第一巻第五章411a7参照）、ここではこの点には立ち入りません。

ともかく、生きているものについて「プシューケー（魂）」が語られるのです。

ですから、人間について言えば、「プシューケー（魂）」つまり「命」は頭のなかとか、胸のあたりだけにあるのではありません。全身にあるのです。たとえば、爪の先まで「プシューケー」はあるのです。とすれば、なぜ「命」とか「生命」と訳さずに、「魂」と訳すのか、という疑問が出てくるでしょう。もちろん、「命」や「生命」と訳す場合もしばしばあります。しかし、ソクラテスが念頭に置いているのは、「命」のなかでも、思慮や真実に関係するような、つまり、ものごとを考えたり、認識したり、感じたりするような、人間の心や精神のあり方です。

それなら、今度は、なぜ「心」と訳さないのか、という疑問が出てくるでしょう。もちろん、「心」と訳す場合もしばしばあります。実際、「プシューケー」についての学問は、ご存じのように、英語で、psychology（psycho［プシューケー］＋logy［ロゴス］）と言いますが、これは日本語で「心理学」と訳されています（「心理学」も、あの西周による翻訳語です）。しかしながら、「心」と訳せば、「命」の意味が希薄になります。他方、「命」と訳せば、「心」の意味が希薄になります。「命」と「心」の両方を含意するような日本語を考えるならば、「魂」という訳語がやはりいちばん適切ではないかと思われます。英語圏の人たちは、「プシューケー」を通常、「soul」と訳しています。

しかし、より重要なことは、ソクラテスが、そして、彼の弁明を聞いている人たちが、「プシューケー」という言葉によって何を思い浮かべているのかということです。それは明らかであるように思われます。「身体」と対比されていることからも、先に述べたように、「心」の意味合いが強いのです。つまり、「プシューケー」とは、人間が考えたり、感じたり、欲したりする場合の命のはたらき、ひと言でいえば、命のなかでも、「心」や「精神」といった人間の内的な部分、さらに言えば、「私」と呼べるような部分です。爪を切っても、髪や歯が抜けても、あるいは、たとえ手足を失っても、「私」は「私」として存在します。そうでなければ、「私の手がなくなってしまった」などと叫ぶこともできません。しかし「心」や「精神」が失われるなら、つまり、考えたり、思ったり、望んだり、感じたりすることができなくなれば、「私」はもはや「私」ではなくなるでしょう。このあたりまでは、ソクラテスも、彼の弁明を聞いている人たちも、共通に了解しているはずです。

ところが、ソクラテスが「魂ができるかぎりすぐれたものになるように」と言うとき、彼と弁明を聞いている人たちとのあいだには、小さくないへだたりが出てきます。なぜなら、ソクラテスは、君の「命」に、とりわけ君の「心」、「精神」に、あるいは「君自身」に気づかうようにと勧告しているのですが、この時、彼は、金銭や名誉、あるいは身体でさえも、「君自身」ではないと考えているだけでなく、それらを「プシューケー（魂）」よりも価値の低いものと見ているからです。通常は、お金や名誉も大事であり、とりわけ身体は大事であって、これらの価値は目に見えない「魂」以上のものと考えられるかもしれません。病気にでもなれば、生活はうまくいきません。身体の健康は何より大切です。それなのに、ソクラテスは「魂」のあり方にいっそう気づかうようにと勧告しているのです。なぜでしょうか。この問題については今は立ち入らず、次節で考えたいと思います。ともかく、「魂」と訳される「プシューケー」には、「心」と「命」の両方の意味が含まれているのです。

次に、「徳」という言葉についてです。「徳」と訳されたもとのギリシア語は、「アレテー」(ἀρετή)です。「アレテー」という言葉の原意は、「善さ」です。それではこの場合も、なぜ「善さ」と訳さないのか、という疑問が生じるでしょう。実際、「アレテー」を「善さ」(goodness)と訳す場合もあるのです。ところが、「アレテー」の用語法を見ると、「はたらき」、あるいは「すぐれたはたらき」という意味合いが強いのです。ここから、「アレテー」は「卓越性」とか、「優秀性」などの意味をもちます。それゆえ、「卓越性」(excellence)という訳語もわるくありません。いずれにせよ、ギリシア語の「アレテー」は、ものの「はたらき」に関係しており、非常に広範囲にわたって使われる言葉なのです。

たとえば、足についても「アレテー」が語られます。「アレテーのある足」とは、速く走れる足のことです(ホメロス『イリアス』第二〇歌四一一行)。また、「アレテーのある馬」とは、よく走り、御者によくしたがう駿馬のことです(アリストテレス『ニコマコス倫理学』第二巻第六章1106a19)。目とか耳にも「アレテー」が考えられます。「アレテー」のある目とは、よく見える目であり、「アレテー」のある耳とはよく聞こえる耳です(プラトン『国家』第一巻353B、アリストテレス『ニコマコス倫理学』第二巻第六章1106a17)。さらに「アレテー」は、土地についても言われます。「アレテー」のある土地とは、作物のよく実る肥沃な土地のことです（トゥキュディデス『歴史』第一巻第二章四節、プラトン『クリティアス』110E、『法律』第七巻745D）。このように、何らかのはたらきがあるものなら、それについて「アレテー」が語られるのです。ソクラテスは裁判の冒頭でこんなことを言っていました。

私の語ることが正しいかどうか、それだけをよく考え、それだけに注意を向けてください。なぜなら、そうすることこそ裁判官の徳（アレテー）であり、真実を語ることこそ弁論家の徳なのですから。

（『ソクラテスの弁明』18A）

要するに、「アレテー」とは「はたらきのよさ」であって、これを日本語に移すには、はたらきや能力、あるいは長所を含意する「徳」という訳語がいちばん適切だと思われます。英語圏の人たちは、「アレテー」を通常、「virtue」と訳しています。ただし、弊害もあります。「徳」という日本語は、いわゆる「道徳」を連想させるからです。「道徳」には卓越性とか優秀性の意味はありません。しかしここで問題は、ソクラテスが何について「アレテー」という言葉を使っているかということです。彼は弁明にあたって言及していた裁判官の「アレテー」や弁論家の「アレテー」を特に問題にしているわけではありません。彼が問題にしているのは人間の徳です。単に、「徳（アレテー）」と言えば、通常、人の徳、人間の徳を指しているのです（『メノン』70A参照）。そしてソクラテスはこれを知らないと言っているのです（同71B）。先に「善美の事柄」とか「最も重要な事柄」と言われていたものは、言い換えれば、まさに徳に関する事柄にほかなりません。しかしさらに、ソクラテスが徳をどのようなものと考えていたかが問題となります。

ソクラテスの発言に注意してみましょう。前節の（1）～（5）までの彼の主張をふり返ってみます。彼は、（2）と（5）で「徳」について語っています。それらの直前、すなわち（1）と（4）では、「魂ができるだけすぐれたものになるように」という発言をくり返しています。とすると、「はたらき」が考えられるのは、この「魂」についてでしょう。ソクラテスが問題にしているのは、「魂」ないし「命」の「アレテー」です。とりわけ「心」ないし「精神」の、あるいは自己自身のすぐれたあり方のことです。

一方、ソクラテスは（1）で「思慮」や「真実」をあげていましたが、「思慮」は「魂」のすぐれたはたらきであって、「徳」と言えるものです。それから、「真実」は私たちの生活の基盤をなすものです。人生はうそや偽りによって成り立つものではないからです。たとえうそをつく人であっても、真実については知っているはずです。真実を知らなければ、うそをつくこともできません。真実を知ること、真実を求めることは、「魂」の大切なはたらきです。このような意味で、真実も「魂」の「徳」に関係しています。真実を捉えるような「魂」、本当とうそとを見分けるような「魂」こそ、徳のある「魂」であり、すぐれた「魂」にほかなりません。

こうして、ソクラテスは魂のすぐれたあり方、魂のよさを「徳」（アレテー）という一語で言い換えているのです。そして、「徳」こそ気づかわねばならない、と説いているのです。それどころか彼は、「君たちに勧告し、指摘するのをやめない」と言っていました。（4）では「説得している」と言っています。（3）ではさらに強く、「神が命じているのです、そして私が思うに、これまでこの国において、この私の神への奉仕以上に大きな善があなたがたに生じたためしはないのです」と主張しています。非常に強い主張です。文字通り受け取れば、傲慢にも映りかねない主張です。たとえ相手によかれと思うことであっても、ソクラテスの説得行為は人の生き方に口をはさむことであって、よけいなお世話のようにも見えます。

　とはいえ、必ずしもそうではありません。なぜなら、同時にソクラテスは自分の生き方をも吟味するからです。自分は絶対に正しい、などとソクラテス自身が思っているわけではありません。逆です。彼は自分は無知だと思っているのです。むしろここで問題は、ソクラテスがなぜ徳の重要性をこれほどまでに強調するのかということです。ソクラテスの考え方を追っていきたいと思います。

8 徳の重要性

徳については（5）でこう言われていました。

金銭から徳が生じるのではなく、金銭その他のものがすべて、人間にとって善きものになるのは、公私いずれにおいても、徳によるのだ。(30B)

たった一文ですが、ここにソクラテスの考え方の核心があるように思われます。なぜなら、この発言は、通常の価値観をひっくり返しているからです。徳のある人とは、単に、「道徳を守る人」とか、「人柄のよい人」とか、「親切な人」などという意味ではありません。「アレテー」(徳)は優秀性、卓越性を指し示す言葉です。それをそなえた人とは、善き人、すぐれた人、立派な人のことです。もっとも、こうした言い方は必ずしも適切ではないかもしれません。「善き人」とか「すぐれた人」というのは、人を外から見て評価する言葉だからです。すぐれた人や立派な人になりたいとまったく思わない人もいるかもしれません。むしろ注意すべきは、徳は人間にそなわる内的なものだということです。この観点からすれば、徳のある人とは、よく生きることのできる人です。外から見た評価などは関係がありません。善い生き方をすること、人生がうまくいくことをだれもが望んでいるはずです。劣悪な人になりたいとはだれも思わないでしょう。人は劣悪になれば、みじめです。

しかし徳と劣悪を分ける基準は何でしょう。一般的には、人間の徳(優秀さ)と、富や名誉は多かれ少なかれ結びついていると考えられます。名誉は飾りのようにも見えますが、その背景にある社会的地位はたいてい富と一体になっていますから、名誉を求めることは富を求めることと変わらないとさえ言えるかもしれません。世の中できちんとした生活を送ろうとすれば、第一に経済力が必要であって、名誉はそれについてくるように思われます。こう考えると、立派な人、徳のある人というのは、単純に、お金持ちの人、裕福な人、あるいは社会的地位のある人、ということになります。貧乏な人、地位のない人は、たいてい蔑まれ、能力のない人だと見られてしまいます。つまり、世間的には、とりわけ金銭と徳は一体化しているように見えるのです。言い換えれば、金銭から徳が生じているかのように見えるのです。ところが、このような見方をソクラテスは逆転させているのです。この逆転が、現実的なものかどうか、空虚な考え方でないかどうかを、私たちはしっかりと見きわめる必要があります。つまり、ソクラテスの主張に十分な根拠があるかどうか、なるほどと思える根拠があるかどうかを、私たちは見きわめる必要があります。

まず、「金銭から徳が生じるのではなく」とソクラテスは言っています。これによって、彼は金銭と徳との関係に関する一般的な通念を否定しています。金銭は徳と結びつくようなものではないのだと。問題はそのあとの発言です。続けて彼は、「金銭その他のものがすべて、人間にとって善きものになるのは、公私いずれにおいても、徳によるのだ」と主張しています。非常に重要な主張です。徳によってすべてが善きものになる、と言われているからです。しかしこの主張の意味を考える前に、この訳文について、ひとこと触れておきたいと思います。

「金銭から徳が生じるのではなく」という発言から次に予想されるのは、おそらくその逆のこと、つまり、「徳から金銭が生じる」といった言葉でしょう。実際、ここの原文はそのように訳すこともできるのです。またそう訳す方が自然かもしれません。そうすると、ここの文章は、「金銭その他の善きものがすべて人間にとって生じるのは、公私いずれにおいても、徳からなのだ」となります。文章の流れからすれば、これは自然な訳に見えます。このような訳を採用してきた人たちも、少なくありません（たとえば、岩波文庫の久保勉訳）。

ところが、この訳は内容的に大きな難点をはらんでいます。その難点は二つあります。一つは、「金銭その他の善きもの」と言われていることです。つまり、金銭も善きものの一つと考えられているのです。これは、金銭についてのギリシア人の一般的な見方ですが、他の作品におけるソクラテスの発言を見るかぎり、ソクラテスは金銭などを単純に「善きもの」と見なしてはいません（『エウテュデモス』280E 以下、『メノン』87E 以下）。なぜなら、お金も単にもっているだけなら、何の役にも立たないからです。また使い方を誤れば、身を滅ぼす原因にもなりうるからです。金銭は単にそれだけでは善いものとは言えないはずだと、ソクラテスは考えるのです。それが善いものになるには、それを正しく使うこと、有効に使うことが求められます。

もう一つの難点は決定的です。すなわち、金銭などの善きものが生じるのは、徳からだ、というのであれば、徳の目的が金銭などになってしまうということです。ソクラテスは「ひどい貧乏」をしていると言っていました。徳の目的が富を得ることだというのは、ソクラテスの生き方から見ても、また、「金銭ができるかぎり多く自分の手に入ることばかりに気をつかっていて、恥ずかしくはないのか」という彼の非難の言葉から見ても、ありそうにないように思われます。

おそらくここの一文の直訳は、厳密に訳せば、「金銭その他のものがすべて、人間にとって善きものとして生じるのは、公私いずれにおいても、徳からなのだ」というものになると思います。ややぎこちないのですが、要点は、金銭その他のものがすべて、「善きもの」として生じるのは、つまり「善きもの」になりうるのは、徳による、ということです。これがソクラテスの見方であり、この点を踏まえ、またぎこちなさを回避しようとすれば、先ほどの、「金銭その他のものがすべて、人間にとって善きものになるのは、公私いずれにおいても、徳によるのだ」といった訳になるはずです。

さて、ここからこの一文の内容について考えてみましょう。この一文は何を意味しているのでしょうか。金銭などは、通常、「善きもの」と考えられています。ソクラテスもこれを否定しません。しかし、お金はなぜ「善きもの」なのでしょうか。もちろん、私たちはお金でいろいろなものを買うことができるからです。衣食住にかかわる生活必需品から、さらに生活を快適にするのに便利なものや、贅沢なものまで、私たちはお金でいろいろなものを買って、手に入れることができます。そのためには私たちは働かねばなりませんが、ここで「善きもの」とは、厳密に言えば、お金そのものではなくて、お金によって手に入れたものの方でしょう。お金は、生活に必要なものを手に入れるための手段にすぎません。ただし、非常に有効な手段です。だから、「善きもの」と見なされるのです。お金がなければ、生活に最低限必要なものも手に入りません。

しかしながら、実際に「善きもの」というのは、生活に使われるものの方でしょう。それはたとえば、衣服であり、食べ物であり、住まいです。これらで私たちは生活しているからです。ところが、ここからが問題です。これらが「善きもの」であるのはなぜでしょうか。

すぐに答えられそうです。それらはもちろん、私たちが生きていくのに役立つからだと。そうすると、衣服も、食べ物も、住まいも、実は、私たちが生きていくための手段ということになります。お金が手段であったように、これらも手段なのです。目的は私たちが生きていくということです。生きていくことの方が「善きもの」と考えられるのです。なぜでしょうか。これは当たり前のことでしょうか。生きること自体に意味があるのでしょうか。少し考えてみましょう。

たとえば、アウグスティヌスの晩年の大作『神の国』に次のようなことが言われています。

> まことに、存在するということはそれ自体としても、一種の自然的魅力によって喜ばしいもので、ただそのためだけでも、不幸である人々でさえも、死に去ることは欲しない。そして、かれらが不幸であると思うとき、かれら自身がこの世からなくなることを欲せずに、それよりもむしろ、かれらの不幸がなくなることを欲するのである。（『神の国』第一一巻第二七章冒頭、服部英次郎訳、岩波文庫）

不幸である人々は「死に去る」ことを欲するのではなく、「不幸がなくなること」を欲するのだと、アウグスティヌスは主張しています。このことから、「存在する」ことはそれ自体が「自然的魅力によって喜ばしい」ものと見られています。しかし注意が必要です。不幸な人が「不幸がなくなること」を欲するとすれば、その人は単に「存在する」ことを望んでいるわけではありません。存在しながら、あくまでも不幸が取り除かれることを望んでいるのです。言い換えれば、生きていて不幸でないことを、さらに言えば、幸福であることを望んでいるということです。

アウグスティヌスが若い頃に書いた『幸福な生について』（三八六年）には、「私たちは幸福であることを望んでいる」という文章が見えます（第二章一〇節）。実際、私たちはただ単に生きることを望んでいるわけではありません。意識せずとも、何らかの意味で幸福であることを望んでいるはずです。ましてや、みじめに生きる、不幸に生きるなどということを私たちは望んでいません。また、生きていくのに意味が見出せない、何のために生きるのか、生きる目標が見出せない、といった場合もあるかもしれません。そのような場合でも、私たちが本当に望んでいるのは、「死に去る」ことではなく、よく生きるということでしょう。つまり、私たちは単なる人生ではなく、何らかの善き人生を望んでいるはずです。衣食住の備えもそのためのものです。

しかしながら、善き人生の善さとは何でしょう。これを私たちはつきつめて考える必要があります。意識しようとしまいと、これによって私たちは、日々、生きているからです。そんなものはない、と考える人も、現に生きているかぎり、生きていることに何らかの価値を認めざるをえないでしょう。死んで無になること以上の価値を。このような価値が、私たちの生活を意味のあるものにしているものです。しかし、それは何でしょうか。私たちの生活を本当に意味のあるもの、善きものにしてくれるものとは何でしょうか。善き人生の決め手は何でしょうか。金銭でしょうか、名誉でしょうか、それとも恋愛や結婚でしょうか、それとも仕事や人間関係でしょうか、いろいろ思い浮かぶかもしれません。ソクラテスは、それは「徳」である、と主張しているのです。「徳」のある人生こそ善き人生であり、この「徳」によってこそ、「金銭その他のものがすべて、人間にとって善きものになる」と彼は見ているのです。つまり、金銭も名誉も、恋愛も結婚も、仕事も人間関係も、すべて人間の内部の徳によって善きものになると主張しているのです。実際、ソクラテスはこんなことを言っています。

裁判で刑を申し出る場面です。

だとすれば、このような者である私は何を身に受けるのがふさわしいのでしょうか。それは何か善いことでしょう、アテナイ人諸君、少なくとも真にその価値に応じた刑を求めなければならないとすれば。しかもそれは、何であれ私にふさわしいような善きものでなければなりません。だとすれば、あなたがたへの勧告のために暇な時を過ごさなくてはならないような、貧乏で、善を尽くす人物には何がふさわしいのでしょうか。このような人物には、アテナイ人諸君、迎賓館で食事することほど、ふさわしいことはありえないのです、しかもそうすることはあなたがたのだれかがオリュンピアで、馬や、あるいは二頭だてとか、四頭だての馬車で勝利した場合よりもはるかにいっそうふさわしいのです。なぜなら、その勝利者はあなたがたを幸福と思われるようにしているわけですが、私の方はあなたがたを本当に幸福であるようにしているのですから。またその勝利者は食べ物を何も必要としないけれども、私の方は必要としているのですから。このようなわけで、もし私が正しさに基づいて、自分の価値に応じた刑を申し出るとすれば、この刑を私は申し出ます、すなわち、迎賓館における食事を。（『ソクラテスの弁明』36D-37A）

ソクラテスの哲学活動の目的は人を幸福にすることです。オリュンピアの祭典（オリンピック）での勝利者は、人々を「幸福と思われる」ようにしているけれども、彼の方は、「幸福である」ようにしている、と言われています。現在のオリンピックでも、自分の国の選手が活躍すれば、それを観戦する国民は感動したり、勇気をもらったり、幸福な気分になったりするものです。しかしソクラテスによれば、幸福な人生の決め手は徳（アレテー）であるということです。

9 哲学者ソクラテス

　ここでしかし、疑問が生じるかもしれません。どういう人生が善い人生かは、人それぞれであり、考え方や性格が異なれば、あるいは、生まれや育ちが異なれば、各人の人生のあり方も異なってくるのであって、徳によってすべてが善きものになるなどというのは、そんなふうに考える人だけの話ではないかと。そもそも徳とか、善さとか言われても、あまりに抽象的であって、その具体的な中身は何なのか、これが明らかでなければ、ソクラテスの主張していることも本当かどうかわからないと、こんなふうに考える人もいるかもしれません。

　問題は二つあると思います。一つは、人生というものは、人それぞれではないか、もう一つは、徳とは何なのか、という問題です。しばらく考えてみましょう。

　第一の問題については、ソクラテスはその通り、と言うでしょう。実際、人生は人それぞれです。第二の問題については、ソクラテスは、知らない、と言うでしょう。この点については次節で考えることにして、ここでは第一の問題について考えてみます。

　私たちはこの社会でいろいろな職業に就きます。会社や町工場で働く人もいれば、喫茶店や食堂、あるいは、何か小さな店を始める人もいます。医者や薬剤師になる人もいれば、弁護士になる人もいます。農業や漁業、林業にたずさわる人もいます。音楽家や画家になる人もいます。本当に、いろいろです。ソクラテスの、生涯にわたる友人であったクリトンの職業は農業でした（『エウテュデモス』291E）。けれどもクリトンは「哲学者」でもあり、プラトンのように対話篇を書いてもいたのです（ディオゲネス・ラエルティオス『ギリシア哲学者列伝』第二巻一二一節）。彼には『知恵について』などの作品があったと伝えられています。それらはすべて失われ、現在まったく残っていませんが、クリトンは農業をしながら哲学をしていたのであって、農民であり、かつ哲学者なのです。

とはいえ、農業は農業、哲学は哲学であって、これらは別のものです。哲学は報酬を得ることのできる社会的な職業とは異なります。これは注意すべき点です。哲学者という職業は、もともと存在していなかったということです。現在でも存在しないはずです。大学における哲学の教員は、哲学者としてではなく、もっぱら教員として報酬を得ているのです。近代になって、一七世紀のイギリスにジョン・ロック（一六三二—一七〇四）という哲学者がいます。彼の職業は医者でした。医者でありながら、哲学者なのです。彼には、四巻本の『人間知性論』などの著作があります。こうした例はほかにもあるでしょう。『自由論』などの著作があり、功利主義者としても著名なジョン・スチュアート・ミル（一八〇六—七三）は東インド会社の事務官でした。要するに、人生はさまざまであり、職業もさまざまです。どんな職業にも就かず、哲学に没頭するという生き方もありうるかもしれません。ソクラテスだけではありません。たとえば、デカルト（一五九六—一六五〇）がそうでした。彼はもっぱら親の遺産や年金で生活しながら、『方法序説』や『省察』などの著作を発表していったのです。

しかしこの世でどんな仕事をしようと、あるいはどんな人間関係を結ぼうと、私たちは幸福であることを望んでいるはずです。幸福など望んでいない、と言う人もいるかもしれません。その場合、その人にソクラテスなら問うでしょう、では何を望んでいるのかと。いろいろな答えが返って来そうです。何も望んでいないとか、あるいは、不幸を望んでいるのだとか……。議論は果てしなく続くかもしれません。互いに一致した結論は得られそうにないかもしれません。ただ私たちが何を望もうと、日々、何らかの仕方で生きています。私たちは日々生きており、生活において何をしようと、さまざまな困難に出会ったり、さまざまな状況に置かれたりします。その場合、どのように生きてゆくべきか、という問題が浮上します。この問題は私たちの人生の全体にかかわってくるものであって、職業上の問題とは次元の異なるものです。

人間はひとりひとり生まれも育ちもちがい、その人生もさまざまであり、職業もいろいろです。しかしどんな職業であれ、私たちの職業は私たちの人生のあり方のなかに位置づけられるはずです。中心は人生のあり方であって、それをどのように理解するかによって、どのような人生を生きるべきかが決まってくるはずです。収入と結びつく職業が自分の人生の中心になるか、それとも何か別のことが中心になるかは人によって異なってくるでしょう。ソクラテスは自分のなすべきことについて、裁判でこう述べています。

ですから、私はとんでもないことをしてしまったことになるでしょう、アテナイ人諸君、あなたが私を指揮するように選んでくれた指揮官たちが、……私を配置してくれたとき、その時に、彼らが配置してくれたところに、私はまさに他の者と同様、踏みとどまって死の危険をおかしておきながら、それなのに他方、神が命じて――と私は思い、そう解したのですが――、知恵を愛し求めながら、そして自分自身をも他の人たちをも吟味しながら、生きていかなければならないというのに、その場合にもし私が死を恐れたり、何であれ他の事柄を恐れたりして、持ち場を放棄するとしたならば。（『ソクラテスの弁明』28D-E）

ソクラテスの職業は彼の父と同様、石工だったかもしれません。しかし、ソクラテスは知恵を愛し求めながら生きることを神からの命令と受け止めたのです。そう解したのです。彼がなぜそう解したのかはわかりません。説明がなされていないからです。ソクラテスは「ダイモーン的なものの声」とか「神の合図」と言われるものについて裁判で語っており（40A-B）、彼自身の個人的な経験が関係しているのかもしれません。自分自身をかえりみることなしに、人は自分の仕事を選ぶことはできないでしょう。少なくともソクラテスは、この世に生まれた自分という人間をふり返り、吟味し、自分のなすべきことを理解し、哲学を自分の生涯の仕事と考えたのです。「知恵を愛し求めながら、そして自分自身をも他の人たちをも吟味しながら、生きていかなければならない」のだと。こうして、ソクラテスは自分が生まれ育った祖国アテナイの人たちを、あえておせっかいをやくかのように目覚めさせようとしたのです。彼はこう言っています。

> 少しおかしな言い方になるけれども、文字通り、私は神によってこの国に付着させられている者であって、この国はまるで大きくて素性のいい馬のようなものなのですが、その大きさのためにやや鈍くて、ある種の虻《あぶ》によって目覚めさせられる必要があるのです。まさにこの虻のようなものとして神は私をこの国に付着させたのだと、そのように私には思われるのです――私は終日、どこでもあなたがたと膝を交えながら、あなたがた一人一人を目覚めさせ、説得し、非難するのを少しもやめようとしない、何かそうした者なのです。（同30E-31A）

これがソクラテスの仕事です。虻のような役割です。このような仕事をほかの人にも、たとえば、クリトンにも生涯の仕事にするように、などとはソクラテスは考えていません。クリトンは農業にたずさわっています。クリトンにはクリトンの人生があります。しかしソクラテスは違います。彼は、「息の続くかぎり、また私にそれができるかぎり、私はけっして知恵を愛し求める哲学をやめず」と言っていました。ソクラテスの生涯の仕事は哲学であり、しかも虻のような役割を果たす哲学であり、それが彼の人生全体の中心部にあります。このような意味で、彼はまさに、知恵を求める人であり、「哲学者」以外の何ものでもないのです。

10 活動としての哲学

しかしなぜ、「息の続くかぎり……哲学をやめず」とソクラテスは言うのでしょうか。哲学し続けることを神が命じたからでしょうか。たしかにソクラテスはそのように解していま す。しかしそう解した根本的な理由は、ソクラテスの哲学の動機に認められます。ほかでもありません、それは彼の「無知の自覚」です。この自覚の強度が、「息の続くかぎり」という言明の、おそらく最も大きな理由でしょう。前節の第二の問題、徳とは何かについてはソクラテスは、知らない、と答えるでしょうが、その先はどうなるのでしょうか。ソクラテスはあのデルポイの神託のあと、政治家を訪ねて対話した後、その場を立ち去りながら、こんな思いを語っていました（第三節参照）。

しかしともかく、その場を立ち去りながら自分自身を相手に、私はこう考えるにいたったのです、この人間よりも私の方が知恵がある、と。なぜなら、おそらく、われわれのどちらも善美の事柄は何も知らないらしいけれども、この男は知らないのに、何か知っていると思っているが、私の方は知らないので、そのとおりにまた、知らないと思っているから。とすれば彼よりも私の方が、まさにこのちょっとした点で、つまり、自分の知らないことはまた知らないと思っている点で、知恵が

あるらしい、と。(『ソクラテスの弁明』21D)

ソクラテスは「善美の事柄」については、言い換えれば、徳の事柄については知らない、と自分では思っているのです。ところがそればかりか、だれも知らないらしい、という結論に至っているのです。

しかしおそらく、アテナイ人諸君、真実には神こそが知者であって、またあの神託のなかで神はこう言おうとしているのかもしれません、人間の知恵というのはほとんど、いや、まったく価値のないものなのだと。(同23A)

このような考え方に立てば、知恵を求める活動は果てしなく続くことになります。ソクラテスによれば、「神こそが知者」であって、人間の方は最終的な解答を得ることができないのですから。ただし、最終的な解答に到達できなくても、何らかの仕方で、たとえ紆余曲折しながらであっても、前に進んでいくことはできるでしょう。

日々徳について議論すること、そしてほかにも、あなたがたが聞いておられるような、私が自分自身と他の人たちを吟味しながら対話している事柄について議論すること、これが人間にとってまさに最大の善であって、他方、吟味のない人生は人間にとって生きるに値しないのだと私が言っても、そのようなことを言っている私を、あなたがたはなおさら信じないでしょう。しかしこれは、私の主張する通りなのです、諸君、ただこれを説得するのが容易ではないのです。（同38A）

ソクラテスの言うとおりであるならば、つまり、善き人生は徳によって可能になるけれども、徳について確実なことを知ることが人間にはできないのだとすれば、私たちは日々徳について議論し、また自分の人生と他者の人生を吟味し続けてゆき、そのつど最善と思われる考えを手に入れてゆくほかありません。

ここにはソクラテスの哲学（知恵を愛すること）の重要な特質が認められます。どういうことかと言えば、もしこれがソクラテスの哲学だとすれば、その哲学は「学問」ではないということです。「学問」とは知識の体系です。ところが、ソクラテスの哲学は無知の深まりとでも言うべきものです。より正確に言えば、その哲学は、無知から知へと至ろうとする探求活動、しかも知には最後まで到達しないような、したがって無知の自覚がいっそう深まりながら続けられる不断の探求活動にほかなりません。知者であるのは、ソクラテスによれば、神だけなのですから。

古代から、一挙に二〇世紀に飛びます。「哲学は学説ではなく、活動である」という言葉がありまず。これはウィーン出身の哲学者ウィトゲンシュタイン（一八八九―一九五一）の言葉です（『論理哲学論考』4, 112）。これはまさに、ソクラテスの哲学の考え方と響き合っています。ソクラテスの哲学が「学問」ではないということは、私たちが哲学を考える場合に重要な意味をもつはずです。なぜなら、哲学は何らかの知識として教えられたり、学んだりできるようなものではないからです。この点については、のちにあらためて触れる機会があるでしょう。いずれにせよ、ソクラテスが「息の続くかぎり」知恵を求めると言っていたのは、以上のような事情があったからだと考えられます。

11 倫理学者ソクラテス？

これまでソクラテスの哲学活動、知恵を愛し求める活動について、『ソクラテスの弁明』を手がかりにして見てきました。彼は善美の事柄、最も重要な事柄について、すなわち徳については自分は知らないと自覚していました。言い換えれば、どのような生き方が善い生き方なのか、何が人生を意味のあるものにするのか、こうしたことについて確かな知識は自分は持ち合わせていないのだと、彼は考えているのです。したがって、ソクラテスのできることは、生きているかぎり、ずっとそのような知識を求め続けることであり、「息の続くかぎり」知恵を愛し求める哲学をやめない、ということです。それは、同時に自分と他者の生き方、考え方を吟味することであり、日々徳について互いに議論し、自分のものの見方、生き方を点検することです。彼によれば、それが人間に許されるかぎりの

「最大の善（メギストン・アガトン）」（『弁明』38A2）なのです。その実際の様子は、プラトンの初期対話篇に生き生きと描かれています。

このようなソクラテスの姿は、教室で哲学を勉強するとか、自分の部屋で哲学書を読むとか、レポートや論文を書くといった、現在の哲学研究のあり方とはずいぶん異なっています。彼はよく生きてゆきたい、そのための知恵を手に入れたい、という作業をしているだけです。しかるにその作業は徹底したものであり、彼と対話する人たちはほとんどが議論に行きづまり、途方に暮れてしまいます。それだけでなく、自分の人生観や世界観をひっくり返されてしまいます。彼の仕事は人々に自分と同じように、徳については何も知らないのだということを気づかせることにあるように見えます。

それだけのことなのか、と思われるかもしれませんが、これが私たちの知識の拡大や深まりのいちばん重要な条件ではないでしょうか。日々の自分の生き方について、あるいは自分のあり方について何ごとかを知らなかった、と気づくことは、ものごとを見る私たちの視界を大きく広げてくれます。場合によっては、世界の見え方が一変することもありうるでしょう。アリストテレス（前三八四―三二二）はソクラテスの仕事についてこんなふうに言っています。

ソクラテスは倫理的な事柄（タ・エーティカ）について取り組み、自然の全体については何一つかえりみなかったが、しかし彼はそうした倫理的な事柄において普遍的なものを探求し、定義について

思考を集中した最初の人であった。（アリストテレス『形而上学』第一巻第六章987b1-4、藤澤令夫訳）

アリストテレスが生まれた年は前三八四年ですが、その時はすでにソクラテスは刑死していました。アリストテレスはソクラテスを直接的には知らないのです。彼は一七才の時にプラトンの学園アカデメイアにやってきて、そこで哲学を学んだのです。プラトンは六〇才になっていましたが、八〇才の死の時までずっと対話篇を書き続けており、アリストテレスはそれらの作品を読んでいました。そして、先生のプラトンとは、亡きソクラテスについていろいろなことを話し合っていたはずです。アリストテレスがプラトンの特定の作品に登場するソクラテスを名指すときには、「あのソクラテス」（ホ・ソークラテース）というふうに定冠詞「あの（ホ）」をつけて表現します（『ニコマコス倫理学』第二巻第八章1116b4参照）。今しがた、引用された文章では「ソクラテス」に定冠詞がつけられていません。アリストテレスは、プラトンの代弁者として登場するようなソクラテスについてではなく、実際に存在した歴史的なソクラテスについて重要なことを簡潔に証言していると考えられます。

ソクラテスの取り組んでいたことについては、アリストテレスは直接プラトンから聞いていたとも思われますが、『ソクラテスの弁明』によれば、ソクラテスは裁判で、自分が中傷されているような、天上地下のことを探求したり、弱論を強弁したりすることについて、次のように述べていました。

事実、こうしたことはみなさん自身もアリストパネスの喜劇のなかでご覧になっていたものです。

> つまり、ソクラテスとかいう人物が宙づりになって運ばれながら、空中を歩くのだと称したり、ほかにも多くのわけのわからないことをしゃべったりするのですが、これらについては、私は大小何ごとも知らないのです。そしてもしだれかがこの種の事柄について知恵があるとすれば、その方面の知識のことを軽蔑するつもりで私は話しているのではありません……が、ともかく、事実これらの事柄は、アテナイ人諸君、私のまったく与り知らないものなのです。（『ソクラテスの弁明』19C-D）

これによれば、ソクラテスは「天上地下のこと」、すなわち「自然の全体」についてはその考察にまったく取り組まなかったのです。この点はアリストテレスの言うとおりです。しかしアリストテレスによれば、ソクラテスが取り組んだのは、倫理的な事柄（タ・エーティカ）の探求です。これはどういうことでしょうか。私たちが見てきたように、ソクラテスが探求していたのは徳についてであって、「倫理的な事柄」に取り組んだとは一言も言っていないように見えます。「徳」と「倫理的な事柄」とは関係があるのでしょうか。「徳」については人間の「善さ」とか「卓越性」のことだと先に説明しました。それに対して、「倫理的な事柄」とは何でしょう。この表現についても基本的な意味を少し説明しておきたいと思います。

「倫理的な事柄」と訳された原語は、「タ・エーティカ」（τὰ ἠθικά）です。「タ」は中性複数の定冠詞です。問題は「エーティカ」です。これはギリシア語の名詞「エートス」（ἦθος）から派生した言葉ですが、「エートス」の基本的な意味は「性格」です。「エーティカ」は名詞「エートス」の形容詞「エーティコス」に由来し、冠詞をつけて中性名詞化（複数形）されています。つまり、「エーティカ」の直訳は「性格的なもろもろの事柄」、あるいは「性格に関するもろもろの事柄」です。すると、ソクラテスは人間の性格に関する事柄に取り組んでいた、というふうに考えることができるかもしれません。ソクラテスは人間のあり方、魂のあり方について探求していましたから、こう考えても差し支えないように見えます。

　しかし、ソクラテスは単に人間の性格に関する事柄を見きわめようとしていたのではありません。彼が問題にしていたのは、「私たちはどのように生きるべきか」という問いです（『ゴルギアス』500C、『国家』第一巻352D）。魂や徳の問題も、この問いから出てくるのです。そしてアリストテレスが「タ・エーティカ」という言葉を使うとき、彼は単に人間の性格だけに注目しているわけではありません。彼も広く人間の生き方全体に目を向けているのです。

　他方、人の道を意味する「倫理」という日本語は、基本的に人間の生き方、行動の仕方を表わす言葉であり、人間の生き方、行動の仕方にかかわる事柄が「倫理的な事柄」です。そうだとすれば、「タ・エーティカ」を「倫理的な事柄」と訳すことは、アリストテレスの視点に添ったものと考えられます。実際、アリストテレスは「タ・エーティカ」という言葉で、彼の倫理学の論述に何度も言及しているのです（『政治学』第二巻第二章1261a31、第三巻第九章1280a18など）。この「エーティカ」（ἠθικά, ēthika）というギリシア語は、ラテン語でも同じく「エーティカ」（ēthica、日本語でしばしば「エチカ」）であり、近代の英語ではおなじみのethics（倫理、倫理学）として今日まで受け継がれています。アリストテレス自身は、倫理学の論述を「人間の事柄に関する哲学」とも呼んでいます（『ニコマコス倫理学』第一〇巻第九章1181b15）。

とはいえ、ソクラテスは「エーティカ」といった言葉を使っていません。しかし彼は人間の生き方を探求していたのであって、アリストテレスの表現を使えば、「人間の事柄に関する哲学」に没頭していたと言えるのです。この意味で、彼こそ「倫理学」の形成の始まりに位置する人です。実際、後三世紀のディオゲネス・ラエルティオスは、「ソクラテスは倫理学を導入した人である」と記しています（『ギリシア哲学者列伝』第一巻一四節）。ここに見られる「倫理学」の原語は形容詞「エーティケー」（女性単数形）であり、あとに女性名詞「ピロソピアー（哲学）」が補われるのですが、その形容詞はすでに名詞化されており、「エーティカ」と同様、「倫理学」を意味しています。つまり、ソクラテスは「哲学」と言っても、「倫理の哲学」または「倫理学」を導入した最初の人だとディオゲネス・ラエルティオスは見ているのです。

けれども、ソクラテスのことを「倫理学者」と呼ぶのはふさわしくないと考えられます。街で対話するソクラテスは、倫理学の文献を読んだり、倫理学の論文を書いたりする「倫理学者」ではないからです。ましてや、生命倫理などさまざまな倫理的問題を扱ったりする、今日の「倫理学者」とはだいぶ様子が異なるでしょう。彼は何よりも、自分自身の生き方を吟味する人であり、この意味で他者とともに対話しながら、ずっと知恵を求め続ける人であって、やはり「哲学者」と呼ばれるべきなのです。

ところで、アリストテレスはソクラテスについてさらに、「彼はそうした倫理的な事柄において普遍的なものを探求し、定義について思考を集中した最初の人であった」と言っていました。これはソクラテスの探求の特徴を簡潔に述べたものです。ソクラテスの探求は、「Xとは何であるか」という問いの答えを求めようとするものです。Xに入るものは、勇気や正義などの徳です。その答えは、勇気とはこれこれである、正義とはこれこれである、というふうに、勇気や正義の「定義」になるものです。この「定義」によって勇気や正義と、そうでないものとを判別できるはずです。何が勇気か、何が正義か、こういったことがわからない場合にそれらの「定義」がその判別の基準を与えるのです。

しかしこの場合の「定義」は、たとえばエウクレイデス（前三〇〇頃、ユークリッド）の幾何学で、「線とは、幅のない長さである」とか、「鈍角とは、直角より大きい角である」といった用語の意味を、当の学問の前提として最初に定めるような定義とは異なります。ソクラテスは日常生活ですでに使われている徳関連の用語の意味を、より正確に言えば、その用語が本質的に何を指しているのかを問うのです。たとえば、勇気について彼は対話相手の軍人ラケスにこんなふうに言っています。

……私があなたにお訊きしたいと思ったのは、重甲戦において勇敢な人たちだけでなく、騎馬戦その他あらゆる種類の戦いにおいて勇敢な人々、また、戦いだけでなく、海難において勇敢である人々、さらには、病に対して、貧乏に対して、あるいはまた政治上の事件に対して、勇敢なすべての人々、さらにはまた、苦痛や恐怖に対して勇敢な人々だけでなく、欲望や快楽に対してりっぱに戦うことのできる人々――ふみとどまるにせよ、身をひるがえすにせよ、――それらの人々も含めてのことなのです。……

それではもう一度、これらのすべての場合において、同じものとして存在するその〈勇気〉とは何であるかを、まず言ってみてください。（プラトン『ラケス』191C-E、生島幹三訳、および三嶋輝夫訳に準拠）

ソクラテスはあらゆる種類の戦いにおいてだけでなく、病、貧乏、政治上の事件、苦痛、恐怖、欲望、快楽など、これらすべての場合において「同じもの」として存在する〈勇気〉についてラケスに問いただしています。この場合の〈勇気〉とは、ある特定の個別的な場面における勇気ではありません。その場面の勇気と他の場面の勇気にもあまねく共通に認められる、勇気の本質的な特性を指しています。これをアリストテレスは「普遍的なもの」（ト・カトルー）と言い表わしているのです。

このような本質的なもの、「普遍的なもの」が実際に認められるのかどうかが問題になるかもしれませんが（ウィトゲンシュタイン『青色本』〔大森荘蔵訳、ちくま学芸文庫、四八—五〇頁〕参照）、対話者がさまざまな場面での「勇気」を認めるなら、それらに見出される一つ一つの「勇気」が、同じ「勇気」という言葉で捉えられ表現される以上、その言葉によって名指されている「同じもの」が何であるかを語るよう、ソクラテスは求めているのです。ソクラテスは対話によって、徳の本質を明らかにするような、こういった「定義」に近づく努力をしていたのであり、これをアリストテレスは「普遍的なものを探求し、定義について思考を集中した」と表現しているのです。ただし、ソクラテスの探求は「定義」の作業にとどまるものではなく、それをめぐって対話する自分と他者の生活の吟味にまでおよんでいます。徳について語られる言葉は、対話者自身の人生の表現だからです。

第四話——伝統の始まり

1　プラトンとアリストテレス

最初に、ソクラテスのことをふり返っておきましょう。ソクラテスは「息の続くかぎり」知恵を愛し求める人であり、このような意味で、つまり、生涯にわたって知恵を求めることを自分の仕事としていた人として、「哲学者」と呼ばれるようになったと考えられます。「哲学者」とは知恵を求め続ける人なのです。したがって、ソクラテスの哲学は、何らかの知識の体系であるとか、特定の教説のようなものではありません。ソクラテスが探求していたのは、人間の徳、人間の善さであって、しかもそういったものが何であるかについては自分はよく知らないと考えていました。彼の哲学は知識の集まりではなく、知識に辿りつこうとする活動であり、知恵を愛する哲学者とは、言い換えれば、自分の無知を自覚するような人であって、他者との対話によって、互いに生き方を吟味し吟味されることを望むような人のことです。

これは実は、たいへんむずかしいことです。そのむずかしさは数学や物理のむずかしさとは異なるむずかしさです。どういうことかと言えば、吟味されるというのは、自分の生き方を否定されたり、自分の評価が下がったりすることにつながりかねませんから、人はそのようなことをなかなか受け入れようとしないからです。実際、ソクラテスは裁判で、世間で知者と思われている人たちを訪ね歩いた経験を語っていますが、彼によって「善美の事柄」について無知をあらわにされた政治家やその他の人たちから「憎まれることになった」と言っています（『弁明』21D）。人は自分の無知を素直に認めたくはないものです。ソクラテスはこんなことも言っています。

アテナイ人諸君……、たしかに私は何か次のようなことを経験したのです。つまり、最も名声の高い人たちというのは、神にしたがって調べてゆくと、思慮があるという点に関しては、ほとんどまったく欠けており、それに対して、劣っていてつまらないと思われている他の人たちの方が、かえって品位がある、と私には思えたのです。（22A）

また、ソクラテスの哲学は、互いに自分の人生の悩みを語り合ったり、生き方の教訓のようなものを教え合ったりすることとは別です。単に悩みを語ったり、教訓を語ったりすることは、探求や吟味という活動とは異なるものだからです。このような意味でソクラテスの哲学は、心理学的なものでも人生論的なものでもありません。その哲学は、自分の無知の自覚が起点であり、わからないところを知ろうとする活動です。しかも最終的な解決には辿りつかないのです。何か自分を閉じ込めているようなものが開かれてゆくという経験、自分の視界が新たにされるという経験があるだけです。言い換えれば、少しずつものごとが明確になるということです。生きているかぎり、またどのような職業に就こうと、何らかの仕方でずっと哲学をしなければならない、とソクラテスは考えているのです。ソクラテス自身は哲学そのものを生涯の仕事（報酬を得る職業ではありません）にしていました。こうしていたのは、彼の自己理解によるものです。私たちは私たちで、自分自身を何らかの仕方で理解しなければならないでしょう。この世で自分が何をし、何のために生きる存在なのかを。

このようなソクラテスの哲学と、二一世紀の現在において「哲学」と呼ばれているものとはだいぶ違っているように見えます。この違いを見きわめるためには、ソクラテス以後、哲学がどのように捉えられ、受け継がれていったかを私たちは確認する必要があります。

これまで私たちは、「知恵を愛する（哲学する）」（ピロソペイン）という動詞、および「哲学」（ピロソピアー）という名詞がどのような意味で使われてきたかを、ソロンからソクラテスにいたるまで見てきました。前五世紀後半のソクラテスの時代には、動詞の「ピロソペイン」は、（1）知恵を愛する、知識を求める、という一般的な意味から、（2）学問研究をする、という意味まで幅広く使われており、名詞の「ピロソピアー」も同じような意味をもつ言葉として使われていたと考えられます。ソクラテスの「ピロソペイン」は知恵を求める、という意味ですが、単に教養として知識を求めるとか、あるいは専門的な学問研究をする、といった意味ではなく、（3）人間の徳、人間の生き方について探求する、という意味を帯びていました。しかもその探求は止むことがありません。終わりがないのです。ソクラテスによれば、人間は神ではないからです。

このように「ピロソペイン」には三種類の意味合いが認められるのですが、「哲学」（ピロソピアー）が「哲学」として確立され、社会的に認知されるようになっていったのは、ソクラテスのあとのプラトン、およびアリストテレスによる仕事が大きいのです。というのは、彼らは学園を開いたからです。プラトンはアテナイの北郊外に学園アカデメイアを開き、そこで学んだアリストテレスは後に、アテナイ東郊外に学園リュケイオンを開きました。彼らは学園を開くことによって、哲学を社会的な制度のなかに組み込んでいったのです。

これは、個人的な対話活動に終始していたソクラテスとの大きな違いです。学園は教育と研究の機関であり、それを通じて、哲学は一定のかたちをとって受け継がれてゆくことになります。その基礎となるものは書き言葉であり、著作です。ソクラテスは一冊の書物も書きませんでした。プラトンは対話篇を書きました。アリストテレスも若いころ対話篇を書きましたが、他方で、講義ノートのたぐいをたくさん残しました。こうした著作によって、哲学は今日まで伝承されることになったのです。もしそうした書き物がなければ、今日、哲学は存在しなかったでしょう。ソクラテスの対話活動さえ、私たちに知られることはなかったでしょう。

2 プラトンに見られる「哲学」の用語法

ソクラテスに続いて確認すべきは、プラトンとアリストテレスの哲学概念です。彼らは哲学についてどのように考えていたのでしょう。ここではまず、プラトンにおける哲学の概念について見ていくことにしましょう。

と言っても、プラトンが哲学や哲学者の特質をどのようなものと見ていたかには立ち入りません。たとえば、プラトンには、「哲学とは死の練習である」といった非常に有名な捉え方がありますが(『パイドン』67E、81A)、これは「哲学」という言葉の意味を示すものではなくて、むしろ「哲学」が人間にとってどのような営みなのかを示そうとするものだからです。

少し説明します。哲学とは知恵を求めることであり、哲学者とは何よりも知恵を求めようとする人のことです。知恵が哲学者の第一の関心であれば、他のことは哲学者にとっては二次的なものにすぎません。人間にはさまざまな欲望があります。プラトンによれば、知恵を求める哲学者は、飲食や性愛の快楽に熱中したり、特別に立派な身なりを望んだりするような人ではありません。言い換えれば、哲学者は肉体の方面には必要以上の関心をもたない人のことです。

また、知恵の獲得に関して言えば、視覚や聴覚などの感覚が私たちに必ずしも真実を教えるわけではありません。見たり、聞いたり、触れたりするといったことは、私たちの知識の基礎となるものですが、しかし、たとえば「大きい」ということを私たちは見ることができません。もし子どもに「大」を見せてくださいと言われたなら、私たちは何か大きなものと小さなものを見せて、「大」ということを説明するほかないでしょう。同様に、正しさとか、善さといったものも目で見ることはできないでしょう。しかも、正しさとか善さといった価値は、私たちの行動の基準となる大切なものです。それだけでなく、一般に、ものごとの本質的なところは目に見えるものではなく、私たちが心のはたらきによって捉えるものでしょう。

しかし、こうした心のはたらきは感覚的なもの、肉体的なものによってしばしば混乱させられる、とプラトンは考えます。実際、私たちはさまざまな欲望や快楽、好みにとらわれて、ものごとを純粋に客観的に見ることがむずかしいのです。私たちはこの世で肉体をもって生きており、肉体的なものによってたえずものの見方を曇らされてしまいます。それゆえ、ものごとを純粋に冷静に見ようとすれば、私たちはできるかぎり肉体から遠ざからねばならない。それは魂を肉体から分離することであって、いわば死の状態を意味する。哲学とはこのような状態を憧れることであって、それは死の練習にほかならない。およそこのようにプラトンは考えます。

プラトンの考え方はたいへん興味深いのですが、これ以上立ち入りません。ここではさしあたり、プラトンの作品に現われる「哲学」の用語法に注目し、「哲学」という言葉がプラトンの時代に、あるいはプラトン自身によって、どのように捉えられていたかを確認したいと思います。その上で、プラトンがソクラテスの哲学の概念をどう受け止めたのかを見きわめることにいたします。

プラトンの作品は対話篇ですから、そこで用いられる言葉はたいていい人びとが日常的に使っているふつうの用語と考えられます。たとえば、プラトンは友愛をテーマにした『リュシス』という作品を書いています。この作品は、プラトンの前期作品ではなく、前期から中期への移行期に書かれた作品であって、主人公のソクラテスは著者プラトンの見解をなかば代弁していると考えられます。リュシスというのは、この作品の登場人物であり、今の日本で言えば、まだ中学生くらいの少年です。このリュシスと同年齢のメネクセノスがソクラテスと対話しながら、議論が行きづまる場面があるのですが、その時にリュシスが口をはさむのです。話の報告者はソクラテスです。

「さて、それではいったいどうしたものだろう、〈愛する人〉も〈愛される人〉も、友ではないということになると。さらにそれらの他に、まだ何か、互いに友となるようなものがあると、われわれは言ったものだろうか」

「ゼウスに誓って、ソクラテスさん、どうしてよいか私にはよくわかりません」

「ねえ、メネクセノス、そもそもわれわれのしらべ方が、根本からまちがっているのだろうか」

するとと横から、

「まちがっているように思います、ソクラテスさん」とリュシス。

そう言ったあとで、すぐ彼は赤くなりました。われわれの話にすっかり気をとられてしまって、思わず口をすべらしたようでした。それまでもずっと、そのように熱心に話を聞いていたにちがいありません。

そこで私は、メネクセノスを休ませたく思いましたし、またリュシスの知を愛する心（ピロソピアー）が嬉しかったもので、こんどは彼と話をしようと思い、そちらへ向きをかえて言いました。

「そうだ、リュシス、たしかに君の言うとおりにちがいない。もしわれわれが正しいしらべ方をしていたのなら、いまのように迷い歩くことは、けっしてなかったろうと思うよ……」（『リュシス』213C-E、生島幹三訳）

ここには、少年リュシスの様子が生き生きと描かれています。リュシスはソクラテスとメネクセノスの議論をずっとそばで聞いていて、思わず口をはさんだのです。ソクラテスはリュシスの「ピロソピアー」が嬉しかった」と言っています。この場合の「ピロソピアー」は学問研究をするといった意味でもなければ、ソクラテスの考えているような徳の探求を意味するものでもありません。もっぱらリュシスの向学心のようなものを指す言葉であって、ごく一般的に、知恵を求める態度とか、学びへの熱意とかを意味しているように思われます。要するに、勉強熱心とか、探求心というほどの意味でしよう。引用された生島訳（岩波版『プラトン全集』七、一九七五年）では、「ピロソピアー」は「知を愛する心」となっていますが、新たに出された田中伸司訳（プラトン『リュシス・恋がたき』、講談社学術文庫、二〇一七年）では、「リュシスの知恵への愛」と直訳されています。いずれにせよ、知恵を愛するという「ピロソピアー」の原意が訳になっていて、原文の意味がきちんと捉えられています。このような「ピロソピアー」のいちばん基本的な意味はプラトンにおいても、もちろん保持されていて、一般的にもそのように理解されていたと考えられます。

3 学問としての哲学

しかし、「ピロソピアー」のもう一つの意味が見られます。プラトンの後期作品に知識とは何かをテーマにした『テアイテトス』という作品があります。テアイテトスというのは数学に非常に才能のあるアテナイの若者であって、この若者をアフリカ北部の都市キュレネの数学者テオドロスがソクラテスに紹介することによって議論が始まるのですが、その紹介直前のソクラテスの発言で、次のようなことが言われています。

もし私がキュレネのことの方を余計に心配しているのだったなら、テオドロス、あなたに私はあそこのことやまたあそこの人たちについて、誰かあそこの若者の中で幾何学とか、あるいは他の何か知識を求めること（ピロソピアー）とかに、心を打ち込んでいる者があるかどうかということをうるさくお尋ねしたことでしょう。ところが事実はすなわちこれに反して、私の大事に思っているのは、あそこの人たちよりはむしろこの地の者どもなのでして、つまりまた、私がぜひ知りたいと心がけているのも、われわれのところの若い者どものうちで誰が大成の見込みある者なのかということの方なのです。（『テアイテトス』143D、田中美知太郎訳）

ここで「知識を求めること」と訳されている原語は、ほかでもなく「ピロソピアー」です。この「ピロソピアー」はどのような意味をもっているでしょうか。一般的に、先ほどの「知を愛する心」とか「知恵への愛」と訳すべき言葉でしょうか。それとも「哲学」と訳すべき言葉でしょうか。どちらで訳してもかまわないかもしれません。問題は、むしろその含意なのです。手がかりは、直前の「幾何学」にあります。つまり、ここの「ピロソピアー」は「幾何学」とならべられているのです。ソクラテスの言おうとしていることは、幾何学や他の何らかの「ピロソピアー」に心を打ち込んでいる者があるかどうかと尋ねているのです。この文脈からすれば、「ピロソピアー」は「幾何学」とならぶ「学問」を意味していると考えられます。

また、『テアイテトス』ではタレスに関する有名な逸話が紹介されています。ソクラテスはこんなふうに言っています。

タレスが天文研究をしていながら、テオドロスよ、上方を眺めていたときに井戸に落ちて、トラキア出の機転のきく愉快な女に、「あなたさまは熱心に天のことを知ろうとなさいますが、ご自分の目の前のことや足元のことにはお気づきにならないのですね」と言って、ひやかされたという話があるのですが、同じからかいは求知（ピロソピアー）の生活をしているほどの者すべてに当てはまるのです。（『テアイテトス』174A-B、田中美知太郎訳に準拠）

タレスはのちにアリストテレスによって哲学史の発端に置かれる人ですが（この点についてはあらためてお話しします）、ここでは熱心に天文研究をしている人として紹介されています。そして彼は井戸に落ちてしまったのです。これがからかいの種になっていますが、このからかいは「求知」すなわち「ピロソピアー」の生活をする人たちすべてにあてはまると言われています。この場合の「ピロソピアー」とは、「天文学」を含むような探求を意味するものであって、先の「幾何学」の場合と同様、広い意味での「哲学」、すなわち「学問」を意味するでしょう。どのような学問であっても、それに没頭するような人は身の回りのことなど忘れて、「井戸に落ちる」ようなことをしでかすということです。このような意味での「ピロソピアー」は、プラトンが宇宙論を展開している『ティマイオス』

にも見られます。対話相手のティマイオスについて、登場人物のソクラテスは次のように言っています。

というのは、このティマイオスにしても、イタリア中で最もよい政治の行なわれている国ロクリスの人で、財産において、家柄において、その土地の誰にもひけをとることなく、その国の最も重要な官職・名誉ある地位に就いて、その職責を果たして来た人ですが、他面また学問（ピロソピアー）の領域でも、わたしの見るところでは、その全体の頂上をきわめた人なのです。（『ティマイオス』20A、種山恭子訳）

ソクラテスはティマイオスを讃えているのですが、ここで「学問」と訳されている原語は「ピロソピアー」です。訳者の種山恭子氏は「ピロソピアー」を「哲学」と訳さずに、「その全体」と言われていることから、「ピロソピアー」の広い含意を捉えて「学問」と訳されたのでしょう。適切な訳だと思います（新たに出された岸見一郎訳『ティマイオス』では、原意の「知を愛すること」が採用されています）。

もう一箇所、見ておきましょう。今度は、当のティマイオスが次のようなことを言っています。

そこで、数学者だとか、あるいは、何か他の、精神面の激しい訓練に従事する人は、体育にも親しんで、身体にもそれ相当の動きを与えてやらなければなりませんし、今度はまた、身体づくりに気を配っている人は、それに対抗するものとして、音楽文芸や、ひろく哲学（ピロソピアー）全体にもたずさわって、魂にも、それに応じた運動を与えてやらなければなりません。――もしも、人が正しい意味で「美しくて、同時にまた善い人」と呼ばれるに値するものであろうとするなら。（『ティマイオス』88C）

これも同じく種山訳です。ここでは「ピロソピアー」は「哲学」と訳されています。しかしこの場合の「哲学」は「知恵への愛」という日常的な意味でも、徳の探求というソクラテス的な意味でもないように見えます。音楽文芸とならべられており、やはりそれは「学問」という意味をもっていると考えられます。ところが、あえて「哲学」と訳されたのは、そのあとに、「もしも、人が正しい意味で『美しくて、同時にまた善い人』と呼ばれるに値するものであろうとするなら」という条件文がつけ加えられているからだと思われます。「美しくて、同時にまた善い人」というのは徳をそなえた完全な人を意味する慣用的なギリシア語の表現ですから、この条件文の内容は、ソクラテス的な徳の探求を強く示唆しています。そこで、「ピロソピアー」を「哲学」と訳されたのでしょう。とはいえ、ここでも単に「ピロソピアー」と言われているのではなく、「ピロソピアー全体」と言われていますから、この場合の「ピロソピアー」の含意はソクラテス的な意味での「ピロソピアー」に限定されないはずです。種山訳はその事情を示すために「ひろく」という日本語を補っています。

いずれにせよ、プラトンの用語法では、「ピロソピアー」は、「知恵への愛」といういちばん基本的な意味と、それの具体化としての「学問」ないし「学問研究」という意味がはっきり認められます。これら二つの意味については、私たちにとって理解困難なところは何もないはずです。問題は、ソクラテス的な意味での「哲学」です。この意味での「哲学」をプラトンはどのように考えているのでしょうか。もっとも、私たちは「ピロソピアー」の用語法に、あれこれとここでこだわる必要はないかもしれません。なぜなら、プラトンの作品自体が、問答というソクラテス的な対話活動、ソクラテス的な哲学活動の再現にほかならないからです。大事なのは、そうした作品で展開されている議論や言説の方であるとも言えます。とはいえ、私たちが明確にしておかなければならないのは、そうした議論や言説がどのような性格のものなのか、どのような意味で哲学的なのか、ということなのです。いったいプラトン自身は、ソクラテス的な哲学をどう受け止めたのでしょうか。

4 ソクラテスからプラトンへ

プラトンも「哲学」を徳の探求に集中させているのでしょうか。けっしてそうではありません。たとえば後期作品の『テアイテトス』では、知識とは何かが問われています。前期作品のソクラテス、歴史的なソクラテスはこのような問いを立てていません。それなら、プラトンは「哲学」を学問一般という意味で捉えていたのでしょうか。必ずしもそうではありません。なぜなら、個々の学問自体は、『テアイテトス』が扱っているような、知識とは何かという問題を立てないからです。学問自体が知識の体系であるとすれば、そしてその学問が知識とは何かを問うなら、そもそも学問の前提が問われていることになり、それは当の学問内部の話ではないでしょう。言い換えれば、どの学問においても、「知識とは何か」という問題は問われず、むしろ了解済みのこととされているわけです。にもかかわらず、『テアイテトス』では「知識とは何か」が問われているのです（145E-146A）。

また、同じく後期作品の『ソピステス』では、エレア（イタリア南西部の都市）からの客人（プラトン）が、「われわれは、以前には知っていると思っていたのに、今はまったく困惑し、行きづまっている」（244A）としたうえで、対話相手のテアイテトスに、「万有は一つのものであると説く人たちから、彼らの説では〈あるもの〉（有）とはいったい何を意味するのかを、できるだけ聞き出すことに努めるべきではないかね」（244B）と言っています。〈あるもの〉、すなわち何か特定の「あるもの」ではなく、「あるもの」としての「あるもの」（存在としての存在）が問われているのです。このような問いはソクラテスには見られなかったものです。プラトンの哲学はこうした問題にもかかわるものと見られます。

そこで私たちはあらためて、プラトンが「哲学」をどのようなものと考えていたのかを探らねばなりません。そのためには、「哲学」に関するプラトン的な用語法だけでなく、プラトンの取り組んでいた哲学的な問題の特質についても見きわめる必要があります。有力な手がかりはプラトンの『国家』にあります。『国家』は一〇巻から成る大作ですが、その第五巻で「哲学者」の規定がなされているからです。これを確認してみましょう。

『国家』全篇の主題は正義ですが、プラトンは第五巻で、理想国実現のための最小限の変革として、いわゆる「哲人王」の構想を表明します。それは主人公のソクラテスによって、次のように語られます。

「哲学者（ピロソポス）たちが国々において王となって統治するのでないかぎり」とぼくは言った、「あるいは、現在王と呼ばれ、権力者と呼ばれている人たちが、真実にかつじゅうぶんに哲学する（ピロソペイン）のでないかぎり、すなわち、政治的権力と哲学的精神（ピロソピアー）とが一体化されて、多くの人々の素質が、現在のようにこの二つのどちらかの方向へ別々に進むのを強制的に禁止されるのでないかぎり、親愛なるグラウコンよ、国々にとって不幸のやむときはないし、また人類にとっても同様だとぼくは思う。さらに、われわれが議論のうえで述べてきたような国制のあり方にしても、このことが果されないうちは、可能なかぎり実現されて日の光を見るということは、

けっしてないだろう…」(『国家』第五巻473C-E、藤沢令夫訳)

この言葉を聞いた対話者のグラウコンは、「ソクラテス、何という言葉、何という説を、あなたは公表されたのでしょう!」と言ってびっくりします。なぜなら、哲学者が、たとえば、ソクラテスのような人が、あるいは学問研究にたずさわる人が、国家の指導者になるなどといったことは常識はずれも甚だしいと考えられているからです。それにもかかわらず、ソクラテス(=プラトン)は哲人王の構想を語っているのです。問題の根は、「哲学者というのはどのような人間のことなのか」(474B)ということにあります。先に私たちは、哲学を長くやっていると世の中のことにうとくなって人間がだめになるのだと、こんなふうにカリクレスが言っていたのを見ましたが(八七—八九頁)、それを想い起こす必要があります。実際、学問研究に没頭しているような人が政治の実務をよくこなすことができるとは思われません。あるいは、毎日対話活動をしながら徳の探求をしているソクラテスのような人が王の役割にふさわしいなどとは考えにくいでしょう。哲学の仕事と政治の仕事とは目的も違えば内容も違っており、そもそも両立しがたいように見えます。

哲学の目的は知恵の獲得ですが、政治の目的は国の統治です。哲学は探求にたずさわりますが、政治は実務にたずさわります。また、哲学者が知恵を求める人であるなら、他方で政治権力を求めるようなことはしないでしょう。それなのに、プラトンはよき社会の実現のために、政治的権力と哲学

（ピロソピアー）との一体化を説いているのです。そこでプラトンはあらためて哲学者とはどのような人なのか、これを問題にするのです。

とすれば、いったいプラトンはどう考えるのでしょうか。先の引用の要点は二つあります。主人公のソクラテス（＝プラトン）はこんなふうに説明していきます。まず、何かを愛好する人はそのすべてを愛好する。たとえば、名誉を愛好する人は、将軍になることができなければ、分隊長にでもなろうとし、大物に尊敬されなければ、小物に尊敬されることで満足する、つまり何としてでも、とにかく名誉がほしい。こう主張したうえで、ソクラテス（＝プラトン）は哲学者について、「哲学者もまた、知恵を欲求する者として、ある種の知恵は欲求するがある種の知恵は欲求しないと言うのではなく、どんな知恵でも欲求する人である、と言うべきだろうね」とグラウコンに問いかけ、同意を得ます（『国家』第五巻475B）。

これが第一点目です。非常に重要な考え方です。私たちはこれまで学問研究としての哲学や、徳の探求といったソクラテス的な意味での哲学について見てきました。これらには共通点があります。つまり、哲学のかかわる分野が限定されていることです。学問にはさまざまなものがあります。幾何学もあれば、天上地下の探求をする自然学もあります。これらはどれも広い意味での哲学です。また、ソクラテスは善美の事柄について、すなわち徳について探求していました。アリストテレスによれば、ソクラテスは「倫理的な事柄」に取り組んでいましたが、自然についてはかえりみなかったということです（一一九頁参照）。ソクラテスの哲学は徳と人間の生き方に集中していたのです。

　ところが、ここでプラトンは「哲学者」とは「どんな知恵でも欲求する人である」と言っているのです。つまり、知恵の範囲を限定していないのです。「哲学者」とは、したがって、プラトンによれば、幾何学であれ、天上地下のことであれ、人間の徳であれ、あらゆる事柄についてあらゆる知恵を求めるような人になります。実際にそのような知恵が得られるかどうかは別にして、少なくともそのような欲求をもっている人が「哲学者」と呼ばれる人なのです。

　しかしながら、ここには別の問題がひそんでいます。「哲学者」が「どんな知恵でも欲求する人」だとするなら、「哲学者」とは博学の人、博識の人になろうとする人、簡単に言えば、物知りになろうとする人のことなのでしょうか。プラトンはけっしてそう考えているわけではありません。たしかに彼は知恵のかかわる範囲を限定していません。知恵はあらゆる領域におよぶのです。ところが、プラトンは知恵のかかわる対象を限定しようとするのです。ここから「哲学者」の規定として、「真実を観る」というもう一つの点が出てくるのです。非常に大事なところですから、その事情を次に少し立ち入って確認することにしましょう。

5　哲学者と見物好きの人

主人公のソクラテスの話を聞いていて、グラウコンは疑問を述べます。

そうなりますと、たくさんの妙な連中があなたの言われた条件にかなう者だということになるでしょう。というのは、見物の好きな連中はみな、学ぶことに喜びを感じるからこそ、見物好きであるのだと私は思いますし、また、聞くことを好む連中にしても、哲学者（ピロソポス）のうちに数えられるにしては、何かあまりに奇妙すぎる人たちですからね。何しろ彼らは、哲学的な議論やそれに類する談論には、けっして自分からすすんで赴こうとはしないのに、合唱隊の歌を聞くことになると、まるで自分の耳を賃貸して、ありとあらゆる合唱隊を聞くことを契約してあるかのように、ディオニュシア祭のときなど、あちこちと駆けずりまわって、町で催される公演も村で催される公演も、一つ残らず聞きのがさないようにするのですからね。――われわれは、こういう連中や、これに類する事柄の勉強家たちや、さらにはまた、こまごまとした技芸の愛好家たちなどをすべて、哲学者（ピロソポス）であると言うことになるのでしょうか？　(475D-E)

これは当然の疑問でしょう。それだけでなく、私たちが「知恵を愛する」という「ピロソピアー」

の基本的な意味に立ち返るとき、この疑問は哲学について根本的な問題を投げかけているように思われます。つまり、知恵を求める場合、その知恵がどんなものでもよいとなると、グラウコンの言うように、見物の好きな人や、音楽を愛好する人も何らかの意味で知恵を求めており、「哲学者」と言ってよいように見えるからです。見物に熱中する人、音楽に熱中する人、ほかにもいろいろなことに熱中する人がいるでしょう。そういった人たちはみな「哲学者」なのでしょうか。「知恵を求める人」という意味を日常的にゆるやかに考えれば、そう言ってもまちがいではないかもしれません。実際、私たちが見たように、アテナイの政治家であり詩人でもあったソロンは諸国を訪れ、見聞を広めていましたが、彼はリュディアの王クロイソスから「ピロソペイン」していると言われていたのです（五五頁参照）。この場合の「ピロソペイン」は広く知識を求めるという意味での「ピロソペイン」です。

ところが、「ピロソペイン」のこの一般的で基本的な用法から、学問研究をするといった意味や、徳の探求というソクラテス的な意味が生まれてきたのであって、プラトンはこうした限定された意味をふたたびもとに戻しているということなのでしょうか。どんな知恵でもよい、というのであれば、各地を旅行する人や、いろいろな趣味に熱中する人、一般的な教養を身につける人などもみな「哲学者」と呼ばれて差し支えないでしょう。そればかりか、小さな子どもたちもいろいろなものごとを調べたり試したりして知識を獲得してゆくのですから、探索行動をするような、よちよち歩きの幼い子どもたちもまた、立派な「哲学者」と言えそうです。そしてもしそうだとすれば、哲学としてそれ固有の特別な仕事は何もないように思われます。いったい、哲学者とは何をする人なのでしょうか。国の王となるべき人だと言われているのですから、まさか見物好きの人とか、小さな子どもが王にふさわしく、政治の仕事をすべきだとは考えられません。

さて、ソクラテスはグラウコンの疑問に対して答えます。見物に熱中するような人たちはけっして「哲学者」とは言えない、ただ「哲学者に似ている者」とは言えるのだと（475E）。つまり、見物好きの人たちは、やはり見物好きであって、「哲学者」とは認められないのです。とすると、いったいどんな人が「哲学者」と認められるのでしょうか。

6　哲学者とイデア

プラトンの見解をたどりましょう。先の引用に続いて、グラウコンとソクラテスとのあいだで、次のようなやりとりがなされます。

「では、真の哲学者とは」と彼（グラウコン）はたずねた、「どのような人だと言われるのですか？」

「真実を観ることを」とぼくは言った、「愛する人たちだ」

「それはたしかに、そのとおりには違いないでしょう」と彼は言った、「しかしあなたがそう言われる意味は、どのようなことなのでしょうか？」

「ほかの人に説明するのは」とぼくは言った、「並大ていのことではないだろうが、君なら、ぼくがこれから言うことを承認してくれるものと思う」（475E）

このやりとりから一つのことがわかります。それは「哲学者」とは「真実を観ることを愛する人たち」であって、見物好きの人たちはそうではないということです。「真実」というのは、ソクラテスが裁判でもその重要性を強調していたものです。見物好きの人はしかし、「真実」を観ようとしないのでしょうか。あるいは、観ていないのでしょうか。私たちはいつでも本当のことを知りたいと願っているのではないでしょうか。見物好きの人も、自分の知らないものに触れて、より多くの「真実」を観ることになるのではないでしょうか。あのピュタゴラスに関する伝説を思い起こしてください。プレイウスの王レオンに「哲学者」とはどんな人かとたずねられて、ピュタゴラスは人生を祭典（オリンピック）にたとえて説明していました。名誉を求めて競技する人、金銭を目当てに商売する人などとちがって、「観客」は何がどう行なわれているかを見る人であり、哲学者はこの「観客」にたとえられていたのです（四九頁参照）。「観客」とは競技を観ることに熱中する人であり、この点で見物好きの人と違いはないように見えます。「哲学者」は「観客」であり、見物好きの人なのでしょうか。

たしかに、祭典の比喩では、「哲学者」とは真実を観る人と言われていました。「観客」と「哲学者」は、「観る」という点で似ています。しかし、観ようとするものが異なっているのです。古代オリンピックには戦車競技などがあって、現在のオリンピックとはだいぶ様子が違うかもしれませんが、私たちは「観客」が見物するさまざまな競技については、いちいち説明されなくてもそれらを競技として了解できます。しかし「哲学者」の観ようとする「真実」とは何でしょう。単に「真実を観る」と言われても、どんな真実を観るのか、はっきりしません。いったい何についての「真実」なのでしょうか。これが明らかでないかぎり、私たちの疑問は解消されません。グラウコンもその意味を問いただしていました。が、ソクラテスは説明の困難を表明していました。「並たいていのことではない」のだと。いったいどんな説明をするのでしょうか。その中心的な部分を確認したく思います。

ソクラテス（＝プラトン）は見物好きの人たちと「哲学者」との区別について、さらにグラウコンにこんなふうに言います。

「一方の人たちは」とぼくは言った、「つまり、いろいろのものを聞いたり見たりすることの好きな人たちは、美しい声とか、美しい色とか、美しい形とか、またすべてこの種のものによって形づくられた作品に愛着を寄せるけれども、〈美〉そのものの本性を見きわめてこれに愛着を寄せるということは、彼らの精神にはできないのだ」

「たしかにそのとおりです」と彼は言った。

「他方、〈美〉そのものにまで到達して、これをそれ自体として観得することのできる者は、まれにしかいないのではないか?」

「たしかに」

「では、いろいろの美しい事物は認めるけれども、〈美〉それ自体は認めもせず、それの認識にまで導いてくれる人がいても、ついて行くことができないような者は、夢を見ながら生きていると思うかね、目を覚まして生きていると思うかね? まあ考えてみてくれたまえ。いったい、夢を見ているということは、こういうことではないだろうか——つまりそれは、眠っているときであろうと起きているときであろうと、何かに似ているものを、そのままに似像であると考えずに、それが似ているところの当の実物であると思い違いすることではないだろうか?」

「わたしとしては」と彼は言った、「いまあなたが言われたような人間は、夢を見ている状態にあると言うでしょう」(476B-C)

プラトンはここで二種類の存在について語っています。第一の種類は、美しい声とか、美しい色とか、美しい形などです。第二の種類は、〈美〉そのものと言われるものです。そして見物好きの人は、第一の、美しい声や色には愛着を寄せるけれども、第二の、〈美〉そのものには愛着を寄せない。というより、そのような人はそもそも〈美〉それ自体などというものを認めもしないと言われています。つまり、見物好きの人には、〈美〉それ自体というのは、存在していないのです。存在しているのは、美しい事物であって、〈美〉そのものではないということです。目で見ることのできる美しい事物こそ現実に存在しているもの、すなわち実物であって、これに愛着を寄せるのです。しかしそれに対してプラトンは、美しい事物は似像であって、〈美〉そのものの方が実物だと主張しているのです。そして見物好きの人は思い違いをしており、まるで夢を見ながら生きていると言われています。これはどういうことでしょうか。本当にそうなのでしょうか。

先ほど、ソクラテスは「ほかの人に説明するのは、並たいていのことではない」と言っていました。「並たいていのことではない」というのは、けっして誇張ではありません。なぜなら、私たちが愛着を寄せるのは、美しい花とか、美しい景色とか、美しい音楽、あるいは美しい作品、美しいふるまいなどであって、〈美〉そのものではないように思われるからです。また、たいていの人は〈美〉そのもののようなものが存在するとも思っていないでしょう。とすると、私たちは見物好きの人とあまり変わらないように見えます。ソクラテスは続けてこんなふうに言います。

「では、どうだろう。いま言った人たちとは反対に、〈美〉そのものが確在することを信じ、それ自体と、それを分けもっているものとを、ともに観てとる能力をもっていて、分けもっているもののほうを、元のもの自体であると考えたり、逆に元のもの自体を、それを分けもっているものであると考えたりしないような人、このような人のほうは、目を覚まして生きていると思うかね、夢を見ながら生きていると思うかね？」

「まさに、はっきりと目を覚まして生きていると思います」と彼は言った。

「それでは、そのような人は、ほんとうに知っている人であるから、われわれはその精神のあり方を〈知識〉であると言うのが正しいのではないか。これに対して他方の人は、思わくしているにすぎないのだから、その精神のあり方を〈思わく〉と呼ぶのが正しいのではないか」

「たしかにそのとおりです」（476C-D）

〈美〉それ自体と、それを分けもっているものについて語られています。「それを分けもっているもの」とは、美しい事物のことです。なぜ「分けもっている」と言われるのでしょうか。こう考えられます。色でも形でも、声でも何でもいいのですが、それらが「美しい」と言われるとき、その色や形に何らかの美しさが認められるはずです。そうでなければ、「美しい」と言うことはできないでしょう。しかし美しい色というのは、美しさそのものではありません。この場合の美しさは、色の美しさとしてあるだけです。美しい形についても同じことが言えます。その形に何らかの美しさが認められるのです。そしてそのようなものが、美しい形と言われるのです。しかしその場合の美しさも、美しさそのものではありません。それは形の美しさであって、美しさが形にそなわっていると考えられるのです。つまり、ある色、ある形は美しさそのものではなく、美しさを分けもっているだけなのです。ソクラテスの最後の日を描いた『パイドン』では、次のように言われています。

もしだれかがぼくに、何かあるものが美しいのは、華やかな色彩をもっているからだとか、ある形をもっているからだとか、その他何であれそのようなたぐいのことを言ったとしても、そうした他のものにはさよならを告げて、……そのものを美しくあらしめているのは、ほかでもなく、かの〈美〉の現存、もしくは、それの共有、もしくは、両者の関係がいったいどのような仕方で、どんなふうになっていようとかまわない……。ぼくが主張しようとするのはただ、すべて美しいものは、〈美〉によって美しい、ということなのである。（『パイドン』100D）

美しい色の美しさは、美しさそのものによる、美しい形の美しさも、美しさそのものによる、つまり、それらに認められる美しさは〈美〉が原因になっているということです。このような〈美〉を観ることが、真実を観ることだとプラトンは考えているのです。これは、美しい色を観ることとは異なります。〈美〉そのものを観るということです。しかし、このようなことは可能なのでしょうか。そもそも〈美〉そのものというのは、存在するのでしょうか。もっとも、このような言い方は正確ではないかもしれません。私たちが美しい色に出会って、美しさを感じるとき、私たちはそこに現存している美しさを観ている、あるいは、〈美〉を観ていると言って差し支えないように思います。たとえば、私たちが赤い花に気づいて、その赤さに感動する場合、私たちはその花にそなわっている赤さそのものを観ているでしょう。

むしろ問題は、その赤さが赤さそのものとして花とは別に存在するかどうかということです。たいていの人は、存在しない、と答えるでしょう。実際、赤い色は、何かにそなわって存在しています。赤いチョークとか、赤い服とか、赤い絨毯、赤い信号など、そういったチョークや服などから離れて、独立に「赤」というものが存在しているようには見えません。赤色は事物の性質であって、事物から切り離すことができません。そうだとすれば、美しさについても同じことが言えるでしょうか。美しさも事物の性質であって、事物から切り離すことができないのでしょうか。

少し立ち止まって考える必要があります。小さな子どもに、「赤色って、どんな色？」とたずねられたなら、私たちは、赤いペンや赤いりんご、赤い本などを見せて、赤の部分を指さして、赤色に気づかせるようにするでしょう。しかし、「美しいって、どういうこと？」と問われたなら、私たちは何を見せることができるでしょうか。いくつか思い浮かぶかもしれません。美しい花や、美しい写真や絵を見せることができるかもしれません。しかし、赤色の場合とは様子が違うでしょう。小さな子どもは、そのような花や絵を示されても、美しさをなかなか理解できないでしょう。なぜなら、美しさは赤色と同じように直接指でさしてわかるような、視覚の対象ではないからです。美しさの理解のためには、たとえば、汚れた手を洗ってやって「きれいになったね」とか、美しい花を見せて、「きれいなお花だね」とかいった、美しい光景を何度も経験させていくほかないでしょう。

けれども、その場合の美しさというのは視覚光景そのものではなくて、むしろ視覚光景のあり方であって、それが美しさとして認知されるのは、そのあり方によって引き起こされる何らかの普遍的な心象によるものと考えられます。ここに、単なる事物の感覚的な性質とは次元の異なる、美しさそのものが認められる余地があります。この美しさそのものが問題なのです。プラトンは〈赤〉そのものを観る、などといったことを述べてはいません。プラトンが取り上げているのは、〈美〉と〈醜〉、〈正〉と〈不正〉、〈善〉と〈悪〉です（『国家』第五巻475E-476A）。美しいや醜いだけでなく、正しいとか、不正とか、あるいは善いとか、悪いというのも、直接的に指さして示すことのできるものではありません。目で見たり、耳で聞いたりして捉えることのできるものではありません。これらは思考で捉えられるものなのか、あるいは何らかの感覚の対象なのかはともかく、これらがいろいろな事物や行為と結びついて現われることはたしかでしょう。プラトンは〈美〉と〈醜〉に続いて、次のように言っています。

> そして、〈正〉と〈不正〉、〈善〉と〈悪〉、およびすべての実相（エイドス）についても、同じことが言える。すなわち、それぞれは、それ自体としては一つのものであるけれども、いろいろの行為

と結びつき、物体と結びつき、相互に結びつき合って、いたるところにその姿を現わすために、それぞれが多（多くのもの）として現われるのだ。（476A）

ここで「実相」（エイドス）という言葉が使われています。原語の「エイドス」は目に見える姿とか、形を意味する言葉です。同じように、姿や形を意味する言葉として「イデア」があります。プラトンはどちらも使います。そして「エイドス」も「イデア」もどちらも「イデイン」（観る）という動詞に由来する言葉です。一般的には、「エイドス」よりも「イデア」の方がよく知られているように思われます。プラトンの「イデア論」という言い方がなされ、この「イデア」が、哲学の歴史上ずっと議論の的になってきました。プラトンは「エイドス」や「イデア」を目に見える姿や形の意味で使っているわけではなく、むしろ魂の目によって捉えられる姿や形の意味で用い、それらは私たちの言葉でいえば、ものごとの本質的な特性、あるいは本質に相当します。

しかし、「エイドス」や「イデア」を「本質」と訳せば、姿や形の意味が失われます。そこでここの藤沢令夫訳では、「エイドス」は本当の姿という意味で「実相」と訳されていますが（アリストテレスなどでは「形相《けいそう》」と訳されます）、「イデア」の方は、通常、日本語では訳さずに、原語の「イデア」という表現をそのまま用いることが多いのです。英語では、Idea と音写されることもありますが、これは現在ふつうに使われている英語の idea（アイデア、観念、考え）と混同されやすいので、これを避けて、「イデア」は、英語圏では原意に即して、通常、Form（形）と訳されています。

7 イデアの存在

さて、このような〈美〉や〈正〉などのイデア（姿、形）がいろいろなところに現われる、という点についてはは理解困難ではないように思われます。たとえば、私たちが、「この花は美しい」と言ったり、「あの人は正しい人だ」と言う場合、私たちはその花に何らかの「美しさ」を認めたり、その人に何らかの「正しさ」を認めたりしているわけです。言い換えれば、その花には「美しさ」がそなわっている、あるいは現われているとか、その人には、「正しさ」がそなわっている、あるいは「正しさ」が現われているなどと言えるでしょう。問題は、そういった美しさや正しさが、当の花や人から離れて存在しうるものなのかどうかということです。ここが大事なところです。そのようなものは人間の頭の中では考えられるかもしれないが、実際に存在するようなものではないと言われるかもしれないからです。『パイドン』のソクラテス（プラトン）は魂の不死を証明する困難を前にして、次のように言います。

ぼくの言うのはこういうことだ。何も目新しいことではない、ほかの時にも、これまでの議論のなかでも、いつもぼくが言い続けてきたことなのだ。だから、自分が苦心して取り組んできた種類の原因を、今から君に示そうと試みるにあたって、もう一度ぼくは、幾たびとなく語られたあの事柄へと立ち返り、あの事柄から出発することになるだろう。すなわち、ぼくが仮設として立てるのは、〈美〉というものが、それ自体としてそれだけで存在するということ、そして〈善〉や〈大〉やその他すべてのものも同様である、ということである。もし君がぼくに対してこのことを認めて、それらのものが存在するということに同意してくれるなら、ぼくはそれらのものから出発して、当の原因を君に示し、魂が不死であることを見出すことができるであろうと、このように期待しているのだが。(『パイドン』100B)

ここでは、〈美〉などが、事物から離れて、「それ自体としてそれだけで存在する」ことが主張されています。注意すべきは、これを「仮設として立てる」と言われていることです。つまり、この命題を仮に前提として設ける、ということです。のちに、ソクラテスは、魂不死の証明に一抹の不安を覚える対話者のシミアスに対して、「君がそのように言うのは正しいが、そのことは少なくともあの最初のいくつかの仮設についても言えるのだ。たとえそれらが君たちにとって信じられるものであるにしても、それでもいっそう明確に検討されねばならない」(『パイドン』107B)と言っています。ここでの「仮設」とは、〈美〉などが「それ自体としてそれだけで存在する」といった命題などを指しています。

要するに、プラトンは〈美〉などのイデアがさまざまなものごとから離れて存在するということについては、その断言を保留し、検討すべき課題として残しているのです。また『パイドン』では、〈美〉や〈正〉など以外にも、たとえば、〈大〉などのイデアについても語られています。しかし他方、〈赤〉や〈青〉など、色のイデアは考えられるのでしょうか。あるいは、〈火〉や〈雪〉、さらには〈人間〉といった名詞で名指されるもののイデアも考えられるのでしょうか。いろいろな疑問が出てきます。こういった疑問はプラトン自身にとっても問題であり、問い続けられました。ここではこれ以上、イデアの存在については立ち入らず、私たちが問題としてきたことに立ち返りたいと思います。

さて、私たちは「真実を観ることを愛する人」という、プラトンの「哲学者」の捉え方について考えてきました。とりわけ問題は、「真実」の意味だったのですが、これはもはや明らかではないでしょうか。プラトンが「真実」という言葉で念頭に置いているのは、一言でいえば、〈美〉などのイデアでしょう。こういったものが事物を離れて存在するかどうかは別にして、少なくとも、美しい事物には美しさが認められる、ということは言えるでしょう。

ところが、この美しさは必ずしも肉眼で見ることのできるものではありません。何か感覚をこえたものと考えられます。もちろん、美しい花や美しい光景などは、一目瞭然、見ればわかると思いますが、その美しさは目に見える色とか形そのものではなく、そこにそなわっている色のあり方や形のあり方であって、それが人間の魂に作用すると考えられます（この点については、第七話であらためて触れることにします）。美しい音色というのも、そうした性質のものと考えられます。あるいは、美しい行為というのは見ればわかるでしょうか。その美しさは視覚の対象でしょうか。もちろん、行為の様子は目で見ることができます。しかし、それがどんな行為か、何をする行為なのかを判断する場合、そこには私たちの何らかの思考がはたらいているはずです。また、正しいとか、不正とかに関する判断についても、あるいは、善さや悪さに関する判断についても同様です。こうした判断は、感覚だけでできるものではありません。

実際、人間のふるまいの美しさや醜さについてきちんと判断しようとすれば、行為のあり方についていろいろと考えなくてはならないでしょう。また、行為が正しいとか不正であるとか、善いとか悪いとかを判断しようとすれば、私たちは人間の生き方そのものについても考えなくてはならないでしょう。正しい人生とはどのような人生なのか、善い人生とはどのような人生なのか、といった問題を考えざるをえません。日常的には、そのような考えなしに、たとえば世間の慣習によって、私たちはいろいろと判断しているのかもしれません。しかし、問題はその基準です。正しく判断しようとすれば、美しさや正しさや善さの適切な基準が必要となります、つまり、美とは何であるか、正義とは何であるか、善とは何であるかが明確にされねばなりません。この「何であるか」に対応するものが、本質的なものであり、「イデア」と呼ばれるものです。〈美〉のイデアとは、美の真相、美の実相です。したがって、これを観るというのは、美とは何であるかを見きわめることにほかなりません。これが「真実を観ること」の意味であり、このようなことを愛する人が「哲学者」なのだと、こうプラトンは考えているのです。

他方、見物好きの人たちは、美しい事物には愛着を寄せるけれども、〈美〉そのものには愛着を寄せないばかりか、そのようなものの存在さえ認めません。つまり、彼らは美とは何であるかを問うようなことはなく、またそれを見きわめようともしない人たちです。プラトンはこのような人たちは美についての〈思わく〉(思い込み)をもってはいるけれども、〈知識〉はもっていないと主張していました。こうした主張が正しいかどうかは、私たちの側でよく考えなくてはならない問題ですが、私たちがこれまで美しいと思っていた風景やふるまいが必ずしもそうではなく、逆に、汚いとか、醜いと感じていた光景やふるまいが、ある時、ふと、美しく見えるような経験があるとすれば、そこには何らかの仕方で美醜の基準が改変される契機が潜んでいるはずです。そしてあらためて私たちは美しさについて思いをめぐらすはずです、美しさとは何だろうか、と。

ここに知恵を求める哲学の活動が始まるとすれば、その活動はソクラテスの哲学活動につながるものと考えられます。というより、同じなのです。違いは、ソクラテスの探求対象がもっぱら徳にかかわるものであったのに対して、プラトンの探求対象は、正義などの徳や、その根もとにある美や善などの「何であるか」だけでなく、さらには「知識とは何であるか」や、この世界がなぜこのように存在するのかなど、その原因にまでおよびます。つまり、プラトンにとって本来の哲学とは、人間がこの世界に生きていて出会いながらも見失われている、本質的な問題を掘り起こし、またその問題を探求する営みなのです。プラトンの表現を使えば、哲学とは「真実を観ることを愛すること」です。

8 自然研究をこえる問題

しかしながら、もしそうだとすれば、さまざまな領域におよぶそうした問いの数々は、哲学ではなくて、むしろ他のいろいろな学問が扱うものではないかと思われるかもしれません。ところが、プラトンの考える哲学と他の学問とのあいだには、質的に大きな違いがあります。その事情を『パイドン』のソクラテス（＝プラトン）は、魂不死の論証の途上で、対話者のケベスに次のように説明しています。とてもていねいな説明です。少し長いですが、全体を引用します。

ぼくはね、ケベス、若いころ、自然に関する探究と人々が呼んでいるところのあの知恵を、驚くほど熱心に求めたのだ。というのも、それぞれの事物の原因を知り、それぞれのものが何によって生じ、何によって滅び、また何によって存在するのかといったことを知ることは、ぼくにとってはすばらしいことだと思われたからである。そして、最初に次のような問題を考えながら、何度もぼくは自分の考えを、ああでもない、こうでもないとひっくり返したものだった。いったい、ある人たちの言うように、熱いものと冷たいものとがある種の腐敗にいたるとき、まさにそのときに生物体の組織というのは形づくられるものなのであろうか。また、われわれがものごとを考える場合、それは血液によってなのであろうか、それとも空気や火によってなのであろうか。あるいはそういったもののどれでもなくて、脳こそが、聞いたり見たり嗅いだりすることの感覚を提供し、そしてそうした感覚から記憶と判断が生まれ、また記憶と判断が定着するようになると、それらに基づいて知識が生じる、というわけなのであろうか。さらにまた、これらのものの消滅を考えながら、天と地のもろもろの事象にまで考察がおよんでいったのだが、そのあげく、最後にぼくは、自分がこの種の考察に対しては、生まれつきまったくと言ってよいほど不向きである、ということに思い至ったのだ。そこで、そのことの十分な証拠を君に話そう。

　ぼくにも実際、それまでは明確に知っていた事柄があった。少なくとも自分ではそう思い、他の人々にもそう思われていたのだが、その時、こうした考察によってぼくはとてもひどい盲目状態に陥り、その結果、以前には知っていると思っていた事柄でさえ、さっぱりわからなくなってしまったのだ。そのような事柄はいろいろとたくさんあるが、なかでも、なぜ人間は成長するのかというのがそうだった。というのは、このことはだれにでも明らかなことだと、それまでぼくは思っていたからである。すなわちそれは、食べたり飲んだりすることによってであると。つまり、食物をとることによって、肉には肉がつけ加わり、骨には骨がつけ加わる、そしてそのようにして同じ理屈で、ほかのそれぞれの部分にもそれらに固有のものがつけ加わるとき、まさにその時に、少しのかさであったものが後にたくさんのものになり、そしてそのようにして小さな人間は大きな人間になるのだと。(『パイドン』96A-D)

ソクラテスは若いころ、「自然に関する探究」の知恵を熱心に求めていた、と言っています。その探究は生物体や、人間の知識の形成から、天地万物の事象にまでおよんでいます。問題になっているのは、事象が何によるのかという「原因」です。つまり、「それぞれのものが何によって生じ、何によって滅び、また何によって存在するのか」をソクラテスは知ろうとしたのです。この世界とそこに生きる人間のさまざまな事象について、これこれのものがある、これにはこんな性質があるなどといった、単に事実的なことだけでなく、そうした事象が何によるのか、なぜそうなっているのか、その原因を知ることは、世界と人間のあり方を理解することであり、人間がよりよく生きるために必要なことです。ちょっとした病気になっても、私たちは原因を突きとめようとします。原因を知らなければ、病気に対処できず、命を落とす危険すらあります。それだけではありません。私たちを取り巻くこの世界がどのようなものなのかについて何も理解がなければ、私たちはまるで闇の中で生きているようなものです。何らかの仕方で、私たちは世界や人間について理解を得ようとします。

しかし、ここでソクラテスが疑問に思ったのは、当時の自然研究が、彼の知りたいと思っていた原因を探究していないという点です。人間が何かものごとを考える場合、その思考は血液によるのか、それとも脳によるのか、といったことが探究されていたと見られますが、ソクラテスはこのような探究に自分が不向きだと感じただけでなく、自分が明確に知っていたと思っていた事柄もわからなくなり、「ひどい盲目状態」に陥ったと言っています。これはどういうことでしょうか。

ソクラテスはいくつかの疑問をあげていますが、自然研究とのかかわりが深いのは、「なぜ人間は成長するのか」という疑問です。「なぜ」の直訳は「何によって」、あるいは「何ゆえ」です。つまり、人間は何によって成長するのか、その原因は何かということです。簡単に答えられそうです。「食べたり飲んだりすることによって」だと。ソクラテスはそう言っています。ところが、彼はこのような答え方に疑問を覚えるのです。どこが問題なのでしょう。説明はなされていませんが、文脈から二つほど推測できるように思います。

一つは、因果関係をどこに見出すかという問題に関係します。ソクラテスが成長の問題に続いて取りあげる例は、2になることの原因です。1に1が加えられると2になります。しかしソクラテスはこれを不思議に思うと同時に、こんなことを言います。

また、だれかが1を分割したとすると、今度はこの分割ということが2になることの原因になったのだというのも、もはやぼくには納得できない。なぜなら、この場合、2になることの原因が先の場合とは反対になっているからだ。つまり、先の場合には、互いに近くに寄せ集められ、一方が他方につけ加えられたことが原因だったとすると、今度は、一方が他方から遠ざけられ、切り離されることが原因になっているのだから。(『パイドン』97A-B)

つまり、2の原因が今度は分割になっているのです。先ほどは、2の原因は付加になっていました。とすると、付加と2のあいだに因果関係があり、他方、付加と正反対の、分割と2のあいだにも因果関係があるとすれば、付加や分割そのものが2の原因ではないように見えます。なにか別の理由が考えられるかもしれません。もしプラトンがこのようなことを念頭に置いていたとすれば、成長の問題についてもこう考えられるでしょう。つまり、食事をして栄養をとれば、子ども(小さな人間)は大きくなり、成長します。このように答えるのは正しいでしょう。食事と成長とのあいだに因果関係が認められるからです。しかしこれは常に成り立つのでしょうか。たとえば、すでに成長を終えた大人は、食事をしてもさらに大きくなることはありません。つまり、成長しないのです。この一例で、食事と成長との因果関係はあやしくなってきます。食事は必ずしも成長と結びつくものではないはずです。そうだとすれば、成長の原因として何かほかのことを考える必要がありそうです。何が根本的な原因なのでしょうか。私たちは人間の生命活動についてさらに調べる必要があるでしょう。しかしたとえ調べても、本当の原因に辿りつくことはできないのではないか。なぜなら、そのような調べ方は、現になされている人間の生命活動がどのようになっているかを見きわめ続けることだからです。なぜこのような生命活動があるのか、あるいはなぜ人間の成長はある段階で止まるのか、といったことについては「自然に関する探究」によっては明らかにならないと考えられます。「自然に関する探究」は自然がどのようになっているか、つまり自然のあり方を明らかにしようとするものですが、そのあり方全体の根拠や意味を問うものではありません。自然はすでに現にあるようなものとして、それはそうなっているものとして受けとめられているのです。

ここからさらに、もう一つの推測ができるように思います。ソクラテスは、政治家ペリクレスの教師でもあった哲学者アナクサゴラスの書物を読んだ経験を語っています。アナクサゴラスは万物を秩序づけるのは知性であり、万物の原因は知性であると主張しておきながら、もろもろの事物を説明する段になると、知性を原因としていなかったと、ソクラテスは不満を述べています（『パイドン』98B-C）。アナクサゴラス風の説明をする人についてソクラテスは次のように述べ、あらためて自分の見解を示しています。

すなわち、ソクラテスは自分の行なうすべてのことを知性によって行なう、と言っておきながら、続いて、ぼくの行なうひとつひとつのことについて、それらの原因を語ろうとする段になると、まず、ぼくが今ここに座っているのは、次のような事情によると言うのである。

つまり、ぼくの身体は骨と腱から形づくられていて、骨の方は固くて、関節のところで相互に分かたれており、他方、腱は伸縮できて、肉や皮膚とともに骨のまわりを囲んでいて、皮膚がこれら全部を包み込んでいる。そこで、いろいろな骨は、それら自身の接合部において揺れ動く状態になっているので、腱を伸縮させることによって、ぼくは今、自分の手足を折り曲げることができるのであり、まさにこの原因によって、ぼくはここでこうして脚を曲げて座っているのだと。

次にまた、このように言う人は、ぼくが君たちと対話していることについても、別の同じような原因を語るだろう、すなわち、音声だとか、空気だとか、聴覚だとか、その他そういったものを無数にもちだして原因とし、真に原因であるものを語らずなおざりにしてしまうのだ。真の原因とはほかでもない、アテナイ人たちがぼくに有罪の判決をくだす方が善いと思い、それゆえにこそ、ぼくもぼくでまた、ここに座っている方が善いと思い、そして留まって彼らの命じるどんな刑にでも服する方が、より正しいと思ったこと、このことなのだ。(98C-E)

このような考え方を成長の問題にあてはめると、こうなるのではないでしょうか。成長の原因は「食べたり飲んだりすること」であるという答えは、成長に必要な条件を語っているだけで、本当の原因については語っていないのだと。つまり、食べたり飲んだりすることによって人間が成長するとしても、なぜそうなるのかという疑問は依然として残るからです。この世界に生きる人間が、栄養の摂取によってある時期に大きくなっていくのはなぜか、何によるのか、といった疑問については、ソクラテスの出会った「自然に関する探究」が答えようとするものではなかったと見られます。しかし、そうした答えを人間は手に入れることができるのでしょうか。『パイドン』のソクラテスはこの宇宙全体のあり方に言及し、それを統括する原因としてある種の〈善〉を示唆していますが、それがどのようなものなのかは明らかでありません。

しかし今、そのことは大きな問題ではありません。重要なのは、「自然に関する探究」からはみ出る問題があるということ、この点なのです。対話者たちが重大な関心を寄せる、魂が不死かどうかといった問題ばかりでなく、大地（地球）が落下せずに留まっているのはなぜか、この世界が存在し、現にこうなっているのはなぜかといった、人を当惑させるような問題、こうしたことをも問いかけ探求するのが哲学であり、それは個々の学問が前提とするものの内に潜んでいて、私たちには見えにくくなっている問題を掘り起こし、考察することだと考えられます。これをプラトンは哲学と考えていたのではないでしょうか。それは「学問としての哲学」ではないような哲学です。プラトンの表現を借りれば、それは「真実を観ることを愛する」ような哲学です。つまり、世界と人生の真相を観ようとするような哲学です。そうした哲学が事象のより根源的な理解を得ようとするものだとすれば、それは自然世界の存在やあり方だけでなく、私たちが毎日使っているなじみの言葉や概念についても、あるいは言語そのもの、あるいは言語による知識そのものについても、それらに隠れた問題をあらわにし、「なぜ?」とか、「何であるか?」と問いかけ、考え、探求するものと言えるでしょう。目的は、最終的な解答を得ることではありません。そのようなものがあるかどうかもわかりません。目的は、私たちが考えざるをえないような本質的な問いを起こすことによって、私たちの視界を開くことです。

第五話——作られた哲学史

ニュートンとリンゴ

1 プラトンのあと

プラトンは四〇才の時にアテナイ北郊外に、学園アカデメイアを創設しました。ここで教育と研究の生活に入り、八〇才で亡くなるまで作品を書き続け、「書きながら死んだ」と言われています（キケロ『老年について』第五章一三）。これはソクラテスとの大きな違いです。ソクラテスは学園もつくらず、作品も書かず、もっぱら個人的な対話によって哲学活動を続けていたからです。ソクラテスを受け継いだプラトンは、学園と著作というかたちで、哲学を哲学として確立し、定着させたと言えます。

しかしこれは今からふり返って哲学の歴史を見た場合に言えることです。プラトンの意図した哲学が何らかのかたちで伝承されなければ、今日、哲学というものは存在しなかったかもしれません。プラトンの学園で学んだアリストテレスはアテナイ東郊外に学園リュケイオンを創設します。プラトンの学園は甥のスペウシッポスらに受け継がれ、アリストテレスの学園は弟子のテオプラストスらによって受け継がれますが、どちらの学園も長期にわたって活動します。アンティオキア出身の東ローマの歴史家マラス（四九一—五七八）によれば、東ローマ皇帝ユスティニアヌス（在位五二七—五六五）は「アテナイに勅令を出し、何びとも哲学を教えてはならないと命じた」ということです（『年代記』第一八巻 Dindorf 校訂本 p.451)。この勅令は五二九年のことと推定されていますので、おそらくこの頃まで、つまり古代末期の六世紀頃まで、どちらの学園もおよそ九〇〇年にわたって存続したと見られます。こうして哲学の学園がつくられ、書き物が伝えられ、また新たな哲学が企てられ、西洋に哲学の伝統が形成されていきました。

しかし、私たちが見たように、ソクラテスの哲学は特定の知識の体系のようなものではなく、もっぱら徳の探求活動であり、いつ、どこででも、だれとでもできるような、個人的対話でした。これを記録にとどめたのがプラトンです。プラトンがソクラテスの対話を描かなければ、私たちはソクラテスの哲学活動の中心部を知ることはできなかったでしょう。そして、プラトンはソクラテスの問題にしなかったたぐいの事柄についても考察を加え、国家社会の問題や、人間の知識や言語の問題、自然世界や宇宙万有、あるいは人間の魂の構造や不死の問題など、およそ人間が行き当たりながら、不問にされるようなさまざまな問題を掘り起こし、論じました。けれども、プラトンの場合も、ソクラテスと同様、最終的な解答のようなものは存在しないのです。また、プラトンはみずからが作品のなかに登場して発言しているわけでもありません。私たちがプラトンの作品に見出すのは、ソクラテスやその他の対話者たちが論じる哲学的な、言い換えれば、通常の個々の学問では扱われないような、しかも私たちの足下に潜んでいるような、もろもろの根本的な問題であり、それらに対する考え方、あるいは解決の可能性のようなものだけなのです。つまり、これが最終的な答えだ、というようなものは見当たりません。もしそのようなものがあれば、それはもはや知恵を求める哲学ではないとも言えます。それはすでに知恵なのですから。

それなら、プラトンの考え方のようなものだけが、哲学として受け継がれてきたのでしょうか。必ずしもそうではありません。プラトンのあと、アリストテレスはそれまでの哲学の歴史の全体をふりかえって整理するとともに、みずからの哲学を展開し、その考え方が近世のデカルトにまで及んでいます。ここではその様子を見ることにしましょう。

2 アリストテレスの哲学概念

さて、アリストテレスは哲学をどのようなものと考えたのでしょうか。この点は、彼の著作として伝わっている『形而上学』によって確認することができます。その第一巻冒頭の文章は、「すべての人間は、生まれつき、知ることを求める」という有名な文章です。彼が第一巻でまず着眼しているのは、哲学の求める知恵がどのようなものなのかということです。はっきりと彼は言っています、「今ここでの論述の目的は、〈知恵〉と呼ばれているものは、第一の原因や原理にかかわるものだというふうに、すべての人々が考えている、ということを示すことにある」のだと（『形而上学』第一巻第一章981b27-29)。

しばらくこの発言の意味を考えてみましょう。〈知恵〉が「第一の原因や原理」にかかわるというのは、どういうことなのでしょうか。アリストテレスはさらに次のように言っています。

「カリアスがこの病気にかかったとき、この処方が効いたし、ソクラテスの場合もそうだったし、同様に個々の多くの場合にもそうだった」という判断をもつことは〈経験〉に属する。これに対して、……しかじかの体質の人々が、これこれの病気にかかった場合には（たとえば、粘液質の体質の人々、あるいは胆汁質の体質の人々が熱病にかかった場合には）、そうした患者のすべてにこれこれの処方が効いた、と判断することは〈技術〉に属する。……

いやしくも「知っていること」や「理解すること」はといえば、それは〈経験〉よりも〈技術〉のほうにより多く属しているとわれわれは思っているし、また、経験家よりも技術家のほうがいっそう知恵があると考えている。このことは、「知恵」というものが、いかなる人の場合にも、「知っている」こととの関連においてこそ存在するのだという見方を示している。

これはほかでもない、技術家のほうは事柄の原因（根拠）を知っているのに対して、たんなる経験家のほうはそれを知らないからである。すなわち、経験家は「そうであること」（事実）は知っているけれども、「なぜ」そうであるかを知ってはいない。他方、技術家は、この「なぜ」そうであるか

ということ、すなわち原因（根拠）を認識している。（『形而上学』第一巻第一章981a7-30、藤沢令夫訳）

アリストテレスはここで経験家と技術家とを区別しています。そして技術家の方が「いっそう知恵がある」（ソポーテロス）と主張しています。その理由は、技術家の方は単に「こと（事実）」を知っているのではなく、「なぜ（原因）」（何によって、何ゆえ）を知っているからです。実際の場面では、経験家は技術家に劣らないように見えます。それどころか、経験家の方がすぐれているかもしれません。たとえば、医者が健康にする相手は、カリアスとかソクラテスとか、そのほかそのような名前で呼ばれる特定のだれかであって、実際に治療されるのは、人間一般といった抽象的なものではなくて、個々の人々だからです。このような場面では経験がものを言うのです。「人が理論的説明だけを心得ていて経験を欠くならば、すなわち、普遍を知ってはいるが、その普遍のなかに含まれる個別を知らないとすれば、その人はしばしば治療に失敗するであろう。なぜなら、実際に治療されるのは個々の人にほかならないからである」とアリストテレスは注意しています（981a20-24）。

それにもかかわらず、技術家の方が知恵があると見られるのは、技術家が原因を知っているからです。経験知は「多くの場合」にあてはまりますが、技術知は「すべての場合」にあてはまる普遍的なものと考えられています。要するに、経験知には限界があって、また不明瞭な部分がつきまとうのです。たとえば、いろいろな三角形の内角を計ってみて、その和が一八〇度だと経験的に知られるのと、その原理を知っているのとでは、大きな違いがあるでしょう。原理を知っていれば、その知識は明瞭で、くっきりしています。またどんな形をした三角形であっても、その内角の和が一八〇度であることを確信できるでしょう。こういったことは医学的な知識やほかの分野の知識についても言えるはずです。

このように原因や原理を知る、これが知恵の条件です。しかし、アリストテレスは単に原因や原理と言わずに、知恵というのは「第一の原因や原理」にかかわると言っていました。「第一の」とは、どういう意味でしょう。これに関連するアリストテレスの発言を見てみましょう。

知識の究極の対象となるものといえば、第一の諸原理・諸原因こそがそれである。というのは、そのような原理・原因によってこそ、ほかのさまざまのものは知られるのであって、けっして第一の原理・原因のほうが、そのもとに従属するものによって知られるのではないから。（同第二章982b2-4）

アリストテレスの言っていることはむずかしいことではありません。第一の原理・原因というのは、私たちがものごとの原因を考える場合に、「なぜ」という問いを発し、ある答えが得られても、さらに「なぜ」を問い、これを問い続けられるだけ問い続け、最終的に得られるものが、第一の原理・原因です。ここで「原理」というのはぴんとこないかもしれません。その原語は「始め」を意味するギリシア語の「アルケー（ἀρχή）」です。つまり、もとにあるものです。したがって、いちばんもとにあるもの、いちばん根本的な理由が、第一の原理・原因です。これを知ることがものごとのすぐれた知のあり方なのだと、こうアリストテレスは考えているのです。実際、次のように言われています。

たとえば、「彼は何のために来たのか」「お金を得るためである」。そして「お金を得る」のは「借りを返すためである」。そして「借りを返す」のは「不正を行なわないためである」。このようにして進んでいって、ある事柄（A）がそうあるのが、もはや、他の事柄（E）のゆえにではなく、他の事柄（E）のためにでもなくなるときに、われわれは、「終極目的としてのこのこと（不正を行なわないこと）のゆえに彼は来て、その事柄（A）があり、生じている」と主張し、また、この時に「彼が来たのはなぜかを最もすぐれた仕方で知る」と主張する。（『分析論後書』第一巻第二四章85b31-35、高橋久一郎訳に準拠）

彼がやって来たこと（A）の原因を問い続け、その答えとして、（B）「お金を得るため」、そしてそれは（C）「借りを返すため」、そしてそれは（D）「不正を行なわないため」と考えられるが、もはやそれ以上のこと（E）が考えられないとき、つまり、（E）が存在しないとき、「不正を行なわないため」という（D）の理由が、いちばんもとにあるもの、いちばん根本的な理由です。これが彼がやって来たことの第一の原理・原因なのですが、それは必ずしも時間を過去にさかのぼっていって、最終的にたどり着く原因のことではありません。それはむしろある事象を根本的に成り立たせている、究極的な原理・原因のことです。やって来た人は、過去の時点だけでなく、現にやって来た時点でも不正を行なわないと考えているからです。不正を行なわないことが、彼の行動のいちばんの動機です。このような根本的な原因を知ることが、ものごとのすぐれた知り方だとアリストテレスは主張しているのです。ここから、彼は次のように言います。

さて、以上述べたすべての事柄から考えると、われわれが求めている名前（知恵）は、同じ一つの学問的知識に対して与えられることになる。すなわちその学問的知識とは、第一の諸原理・諸原因を見きわめるところの知識でなければならない。（同第二章982b7-10）

これがアリストテレスの〈知恵〉の規定です。彼はこの規定を自分勝手に創作しているのではなく、一般的な「知恵」の用語法から導き出しているのです。哲学とは知恵を愛し求めることです。しかしその知恵が何についての知恵なのか、この点が明らかでなければ、哲学の概念もはっきりしません。アリストテレスは、知恵とは原理・原因を知っていること、とりわけ第一の原理・原因を見きわめるような学問的知識だと結論しているのです。したがって、彼の見るところ、哲学というのは、そのような知識を求めることだということになります。

しかし、この主張はさらに、「第一の原理・原因」とはいったい何についての原理・原因なのかという問いを呼び起こします。原理・原因はいろいろな事象について考えられるからです。実際、アリストテレスは、求められる知恵は、ものをつくるような知識ではないと考えて、その理由についてこんなことを言っています。

なぜならば、人間は、現在もそうであるように、最初においても、驚くということによって知恵を求めはじめた（哲学しはじめた）のであるから。すなわち人びとは、最初は手近に見られる不思議な現象を驚きいぶかり、ついでそのようにして少しずつ前進しながら、たとえば月の示すさまざまな状態、太陽や星々の状態について、さらには万有の生成についてといったように、しだいにもっと大きな事柄について疑念をいだくようになっていった。困惑し、驚きを感じる人は、自分を無知であると考えているのである（だからまた、神話の愛好者も、ある意味では知恵の愛好者であると言える。なぜなら神話は、驚きを呼ぶような事柄から成り立っているから）。（同第二章982b11-19）

ここには、哲学は驚きから始まる、という有名な見解が述べられています。この見解は、アリストテレスが学んだプラトンに由来します。プラトンは『テアイテトス』で、「驚きこそ知恵を愛し求める者（ピロソポス）の感情なのだ。哲学（ピロソピアー）の始まりはこれよりほかにはないのだ」（155D）と言っていたからです。

哲学の動機はいろいろ考えられるかもしれません。人生における悩みや悲しみが動機になることもあるかもしれません。たとえば、「哲学の動機は『驚き』ではなくして深い人生の悲哀でなければならない」という西田幾多郎の有名な言葉があります（『無の自覚的限定』、岩波版全集第五巻、九二頁）。しかし、注意すべきはその場合の哲学です。人生の悩みや悲しみから哲学に向かうとき、その哲学はある特定の種類の哲学、つまりその悩みや悲しみをやわらげたり、解決したりしてくれるような哲学です。アリストテレスがここで述べていることは、そのような哲学とは少し様子が違うように見えます。彼は身近な現象や、夜空の月の満ち欠け、さらにはこの宇宙の誕生について不思議に思い、そこから哲学が始まると見ているからです。

不思議に思うこと、驚くこと、困惑すること、これが哲学の発端であり、こうした事態の原因は何かと言えば、人間の「無知」にあるとアリストテレスは見ています。これはソクラテスやプラトンの場合と同じです。不思議な現象、困惑を覚えるような現象も、その原因を知っているなら、人は驚かないでしょう。知らないからこそ、驚くのです。しかし原因を知り尽くすことはできないかもしれません。その場合、驚きはやむことがなく、「無知」は深まるばかりです。「無知」こそ知恵を求める哲学のきっかけであり、そのような哲学は人生の問題だけでなく、自然や社会の問題にもかかわることになるはずです。人間の抱く疑問はあらゆる方面におよぶからです。この点でアリストテレスはソクラテスよりもむしろ、プラトンと同じです。アリストテレスは今あげた引用文では自然世界について触れており、まずはその方面の哲学を念頭においています。もし彼が現代に生きていて、中学生に哲学をすすめるなら、たとえば、磁石や、月の満ち欠けの観察に誘ったりするのではないでしょうか。

要するに、アリストテレスの場合も、プラトンの場合と同様、哲学は人生の問題だけでなく、広く自然世界の原因にまでおよんでいると考えられます。

3 最初の哲学者はタレス？

哲学は古代ギリシアから始まった、とよく言われます。そして、最初の哲学者として名前があげられるのは、小アジアのミレトス出身のタレス（前五八五頃）でしょう。高校で学ぶ世界史の教科書などにもそのように書かれているはずです。このような情報の根拠はどこにあるのでしょうか。私たちは高校で世界史を学び、その教科書を読み、その内容を覚え、試験を受けて、高校を卒業し、また大学を受験したりします。私たちはその時、教科書に書かれていることを疑っていません。その内容をそのまま受け取り、頭のなかに詰め込んでいるのです。しかし教科書の内容は非常に表面的なものであって、大まかな見取り図のようなものです。それはそれなりに役には立つのですが、教科書に書かれていることは、あくまでも間接的な情報にすぎません。タレスが哲学を始めた、あるいは自然哲学を始めたなどといったことが書かれているとすれば、そのような記述は、いったい何に基づいているのでしょうか。タレス自身がそのようなことを言っていたのでしょうか。

哲学の歴史を考える場合、この点の確認は特に重要です。私たちはこれまで「ピロソピアー」とそれに関連する用語を、実際の使用例の中で見てきましたが、たとえそのような用語が見当たらなくても、哲学的な考察が行なわれている可能性が考えられるからです。もしそういった考察が見出されるならば、私たちは哲学の実質的な始まりをソクラテスより以前に認めることができるでしょう。今、重要なのは一次資料です。それはアリストテレスの次の記述です。

さて、最初に哲学した人々のうち大部分の者は、質料（素材）の形で考えられる原理のみを、万物の原理（元のもの）であると考えたのであった。

すなわち、存在するすべてのものがそれからなりたっているところのもの、そして最初にそれから生じてきて、最後にまたそれへと滅んでいくところのもの……このものを彼らは、存在するものの根本要素であり原理（元のもの）であると主張する。そして、このゆえに彼らは、このような自然の本体となるものはつねに保存されているのであるから、何ものも生成することも消滅することもないと考えるのである。それはちょうど、ソクラテスという人間が美しくなったり音楽を解するようになったりする場合に、われわれはソクラテスが絶対的な意味で「生じる」とは言わないし、また、彼がそれらの状態を失う場合にも、「滅びる」とは言わないのであるが——なぜなら、基体であるところのソクラテスその人はそのまま存続しているのだから——、これと同様の意味において、彼らはほかの事物一般についても、何ものも生成せず消滅しないと考えるのである。……まず、このような哲学の創始者であるタレスは、「水」をそれであると主張する（このゆえに彼はまた、大地が水の上に浮かんでいるという見解を唱えた）。彼がこの考えをもつにいたったのは、おそらく、あらゆるものを養いはぐくむものが水気をもっているという事実、そして、熱そのものさえ水から生じ水によって生きるという事実を、観察したからであろう。……タレスがこの考えをもつにいたった理由としては、いま述べたことと並んで、あらゆるものの種子が水気をもった性格であって、そして、水こそは湿ったものにとってその本性の元となる原理にほかならない、ということもあるだろう。（第一巻第三章983b6-27）

このアリストテレスの文章のうちに、「このような哲学の創始者であるタレスは……」と言われています。これが西洋の哲学史において、タレスを最初の哲学者とする決定的な記述です。このアリストテレスの発言によって、西洋の哲学はタレスから始まったという見方が定着しました。後三世紀のディオゲネス・ラエルティオスはギリシアの哲学史をイオニア派とイタリア派に分けて、イオニア派の始まりをアナクシマンドロスとし、イタリア派の始まりをピュタゴラスとしていますが、アナクシマンドロスはタレスの弟子だったとして、イオニア派の系譜の始まりをタレスに見ており、そのうえでタレスを哲学にたずさわった人々の第一番目の人として、列伝をタレスから始めることを宣言しているのです（『ギリシア哲学者列伝』第一巻一三―一四節、二一節）。

　ところで、タレスはギリシアの「七賢人」の一人に数えられる人でした（プラトン『プロタゴラス』343A、ディオゲネス・ラエルティオス『ギリシア哲学者列伝』第一巻二二節）。また、すでに私たちが見たように、プラトンの『テアイテトス』では、タレスは哲学と言っても、むしろ天文学に熱中する人として言及されていました。つまり、アリストテレス以前に、タレスを天文学でないような、あるいは特定の学問でないような「哲学」にたずさわる人と捉える見方は見出されません。実際、タレスが自分のことを「哲学者」と名のっていたという記録もありません。それなのに、いったいなぜアリストテレスは「最初に哲学した人々」に言及したうえで、さらに「このような哲学の創始者であるタレス」という言い方をしているのでしょうか。

　この場合の「哲学」は、アリストテレスの考えている「哲学」です。つまり、第一の原理・原因を見きわめようとする哲学です。しかしアリストテレスの記述を読むと、タレスは自然学にたずさわっていたように見えます。「大地が水の上に浮かんでいる」という主張とか、「あらゆるものを養いはぐくむものが水気をもっている」という事実の観察とか、こういった報告は自然世界に対するタレスの関心を示しているように見えます。とはいえ、アリストテレスの観点から見ると、タレスは必ずしも自然学的な探求にとどまっていなかったと考えられます。というのも、アリストテレスはまず、「最初に哲学した人々のうち大部分の者は、質料（素材）の形で考えられる原理のみを、万物の原理（元のもの）であると考えたのであった」と述べているからです。このなかで、私たちにとって鍵となる言葉は、「万物の原理」です。最初に哲学した人々は、「万物」つまり「あらゆるもの」の原理を探求したのだと、言い換えれば、この世界全体、あるいは宇宙全体の原理を探求したのだと、こうアリストテレスは主張しているのです。

このような探求は、たとえば天文学のような特定の学問に収まるものではありません。アリストテレスは単に星の動きや、月の満ち欠けなどを念頭に置いているわけではありません。私たちの身の回りの自然世界だけでなく、この宇宙全体、あるいはそのなかに存在するこの大地（地球）、あるいはそこに見られる岩石や鉱物、あるいはそこに生きるさまざまな動物や植物、さらには私たち人間など、これらいっさいのもの、存在するすべてのものがいったい何であるのか、「最初に哲学した人々」はこの問題を考察したのだとアリストテレスは見ているのです。

これらさまざまなものはいろいろと変化したり、生じたり滅んだりするけれども、この世界はこの世界として、何らかの「あるもの（存在するもの）」として存続している、ちょうどソクラテスが美しくなったり醜くなったりしても、ソクラテスはソクラテスとして存在するように、そのようにこの世界もまたこの世界として存続している。とすれば、この世界全体のもとになっているもの、すなわち「万物の原理」は何であるのか、これを彼らは探求しており、その探求は「第一の原理・原因」を明らかにしようとするものであって、まさに「哲学」なのだとアリストテレスは考えているのです。要するに、アリストテレスはこのような彼の哲学の見方から、タレスをその哲学にたずさわる人として掘り起こし、タレスから始まる哲学史を作り出しているのです。

4 作り出された哲学史

ところが、「最初に哲学した人々」の場合、アリストテレスは一つの条件をつけています。それは、「質料（素材）の形で考えられる原理のみを、万物の原理（元のもの）であると考えた」という発言に認められます。つまり、彼らの探求は「万物の原理」の探求ではあっても、その原理は「質料の形で考えられる原理」だということです。ものの実質的な材料を意味する「質料」という言葉はあまりなじみのない日本語ですが、その原語は「ヒューレー」というギリシア語です。このギリシア語は「森」や「材木」などを意味する日常語であって、その意味では「素材」という訳語の方が適切だと思われますが、それはさておき、アリストテレスは「ヒューレー」という日常語を哲学用語として、事物の素材、すなわち構成要素を意味するものとして使っているのです。そして「最初に哲学した人々」の大部分は、「質料（素材）」という意味での、つまり、構成要素という意味での原理を探求したと見ているのです。したがって、「このような哲学の創始者であるタレス」と言われる場合の、「このような哲学」とは、「質料（素材）」、すなわち構成要素を原理と考える哲学を指しているのです。この世界全体、宇宙全体が何からできているか、タレスはそれを「水」だと主張したと考えて、アリストテレスは自分の時代までの、つまり彼にとっての「現代」までの哲学の歴史全体をふり返りながら、タレスをその歴史の始まりに位置づけたのです。

しかし、「質料（素材）」は原理の一つにすぎないともアリストテレスは考えています。素材というのは、ものの構成要素であり、ものが何からできているかに答えようとするものです。しかし素材だけでものが成り立っているわけではありません。たとえば子どもから、「人間の材料って何？」と問われれば、タレスなら、「水」と答えるでしょう。しかしだれが人間をつくったの、とか、どうしてこんな形をしているの、とか、あるいは何のために人間がいるの、とか、問われるかもしれません。こうした問いにタレスはどのように答えるのでしょう。原理や原因としてはいくつかの種類が考えられます。アリストテレスはものごとを説明するのに複数の観点がある、と考えました。材料を組み立てるのに必要な一定の形、構造、また材料をその形へとつくり上げる動力、さらに当のものごとが何のために存在するのかという、その目的です。つまり、素材だけでなく、ものの形態や構造、ものを動かす力、ものの目的といった原因も考えられるのです。これらは通常それぞれ、質料（素材）因、形相因、始動因、目的因と呼ばれ、これが一般にアリストテレスの「四原因説」として知られているものです。

こうした「四原因説」が妥当な考え方かどうかについては、もちろん議論の余地があります。しかし原因に四種類あるというのにも、それなりの理由があります。私たちが世界を理解しようとすれば、その場合、「水」がこの世界のもとになるもの（素材因）だとしても、この世界が成立するまでの動き、あるいは現にこの世界に見られる動きは何によるのか、その動きの原因（始動因）を考える必要があります。たとえば、生き物が生まれたり死んだりするその動きの原因は何でしょうか。また、この世界が「水」だとしても、世界は文字通りの「水」ではなく、さまざまな形態や構造をとっており、そうした構造（形相因）を見きわめる必要があります。火や石は、どう見ても水には見えません。それらは水のどんな形態なのでしょうか。さらにまた、この世界が「水」として存在し、しかも一定の形態や構造をとるように動いているとしても、この世界全体は何のためにそうなっているのか、その目的（目的因）も考える必要があります。このような世界は、そもそも何のために存在するのかと。

このように四種類の原因をアリストテレスは認めますが、この世界についてどのタイプの原因を見きわめようとしてもたいへんむずかしく、決定的な解答はおそらく得られないでしょう。というより、得ることは不可能かもしれません。なぜなら、最終的な原因のさらなる根拠を考えることが論理的にはできないからです。そのような根拠Gがあれば、Gが最終的な原因になります。しかしそうであれば、Gにはもはやさらなる根拠がありません。さらなる根拠があれば、Gは最終的な原因ではないからです。つまり、最終的な原因というのは、それの原因が考えられないものであって、少しおかしな言い方になるかもしれませんが、それはいわば原因のない原因なのです。こうした最終的な原因を、もはや原因のないものとして何か偶然的なものと見るか、あるいはあるがままの究極的な事実と見るか、あるいは何らかの必然性のあるものと見るか、いろいろと考えられます。

この種の問題を考えることの意味ついては、また別の機会に（第七話で）少し触れたいと思いますが、ここで私たちにとって重要なのは、アリストテレスが彼なりに哲学の概念を明確にし、その「哲学」を開始した人物として「七賢人」の一人であるタレスを掘り起こしているということなのです。アリストテレスは多くの文献を調査し、読んでいたにちがいありません。そして、彼の哲学観から、ソクラテスやピュタゴラス以前に、「万物の原理」を見きわめる「哲学の創始者」として、タレスを見出したのです。タレスは自分のことを「哲学」を創始した「哲学者」などとは夢にも思っていなかったでしょう。にもかかわらず、西洋の哲学史がタレスから始まるというのは、アリストテレスの考え方によるものであり、タレスに続くアナクシマンドロス（前五七〇頃）やアナクシメネス（前五四六頃）といった初期のギリシアの哲学者たちもそうなのです。アリストテレス以前に、これらの哲学者の名前に言及している人はだれもいないからです。言い換えれば、アリストテレスに至るまでの哲学の歴史の発端は、ほかならぬアリストテレスによって作り出されたといって過言ではないのです。

5　アリストテレスによる哲学の分類

私たちはさまざまなものごとに関心をもち、さまざまな疑問を抱きます。アリストテレス自身、先に引用した『形而上学』第一巻第二章で、「人間は、現在もそうであるように、最初においても、驚くということによって知恵を求めはじめた（哲学しはじめた）……すなわち人びとは、最初は手近に見られる不思議な現象を驚きいぶかり、ついでそのようにして少しずつ前進しながら、たとえば月の示すさまざまな状態、太陽や星々の状態について、さらには万有の生成についてといったように、しだいにもっと大きな事柄について疑念をいだくようになっていった」（982b12-17）と述べていました。プラトンと同様、アリストテレスの場合も、知恵を求める（哲学する）活動の始まりは、身の回りの小さな出来事からこの世界全体のあり方にまでおよんで行きます。しかし、アリストテレスの見るところ、知恵は第一の原理・原因にかかわるものです。哲学が私たちの生きるこの世界のあらゆる事象におよぶものだとすれば、知恵の対象である第一の原理・原因は人間と世界をめぐるあらゆる事象について考えられるものです。それに応じて哲学のあり方も異なってくるのではないでしょうか。

たとえば、今日は雨が降るだろうか、といったことにかかわる判断と、今日私は何をして過ごそうか、といったことにかかわる判断は異なります。また、私が調理師だとすれば、今日の食材でどんな料理を作ろうかなどと考えます。この場合の判断も異なります。このようにいろいろと判断は異なり、それぞれの場合に必要とされる知識も異なります。どのように異なるのでしょうか。アリストテレスは世界とそのなかに生きる人間を見つめ、こうした知識を大きく三種類に分けるのです（『形而上学』第六巻第一章）。

私たちはまず、身の回りの自然世界のなかで生きています。私たち自身も自然の一部です。雨が降るか降らないか、というのは自然現象です。風が吹いたり、地震が起こったりするのも自然現象です。月の満ち欠けや宇宙の動き、あるいは石の落下も同じです。あるいは生き物が生まれて、やがて死んでいくのも自然現象です。こうした現象を私たちは変えることができない、より正確に言えば、自然の法則を私たちは変えることができない、とアリストテレスは考えるのです。つまり、私たちは自然現象のあり方を眺め、その原因を見きわめるほかないのです。自然の法則を利用することはできても、その法則そのものを変えることはできず、私たちはそれを観察し、見きわめるほかないのです。とはいえ、自然の法則もある時、突然、変化するかもしれません。太陽が東から昇らないということもありうるかもしれません。あるいは、死なない人間というのも出現するかもしれません。この意味で、自然の法則は永遠不変のものではないかもしれません。しかし、たとえ自然法則に変化が生じても、私たちはその変化のありさまを眺め、見きわめるほかないでしょう。

さらに、２＋２＝４である、というのも一〇進法という約束のもとでは変えることができない。つまり、数学的な法則も私たちは変えることができない。2＋2＝4というのは気に入らないから、5にするということはできません。要するに、自然現象も、数学の計算も必然性をそなえており、他の事態にはなりえない。こうした必然的な事柄、つまり、その原理が人間の側にではなく自然や数の側にあるような事柄、こうした事柄にかかわる学（知識）を、アリストテレスは「観想的な学」（テオーレーティケー・エピステーメー）と呼びます。通常、「エピステーメー」は省かれて、単に「テオーレーティケー」と言われます。ここで「観想的な」と訳された原語の「テオーレーティケー」というギリシア語は、見ること、眺めることを意味する「テオーリアー」の形容詞です。「テオーレーティケー・エピステーメー」を原意に即して訳せば、「眺める学」、「見きわめる学」となります。自然と論理の世界は、見きわめるほかないからです。「テオーリアー」（theōria）は英語のtheory（理論）の語源となった言葉ですから、この関連からすれば、「観想的な学」は「理論的な学」と訳すこともできます。

　しかしながら、私たちは自然世界のなかで生きながらも、毎日いろいろな行動をしながら生活しています。そして私たちは何よりも善き人生を望んでいます。今日私は何をして過ごそうか、といったこともこのような私たちの生き方のなかに入ってくる問題です。この場合、つまり、これから先の行動に関して、私たちは自分が必然に縛られているとは考えていないでしょう。しかし過去のことに関しては、私たちは自分の力の及ばないものにさまざまな仕方で縛られているように見えます。どうして私はこんな家庭に生まれてきたのかと、自分の生まれを嘆いても、あるいは、どうして私はあの時あんなことをしてしまったのかと、自分の行為を悔やんでも、過去のそうした事実は硬い現実として成り立っており、それを変えることはできないように見えます。アリストテレスはこんなふうに言っています。

> ひとたび生じたものはいかなるものであれ、選択の対象にはなりえない。たとえば、トロイアを略奪してしまったことを、これから選択しようなどという者は、だれもいないのである。すなわち、すでに生じた過去のことについては、だれも熟慮しないのであり、ただ未来の、他の仕方でもありうる事柄についてだけ熟慮は行なわれ、いったん生じた過去を、生じなかったものにすることはできないのである。それゆえ、アガトン（前五世紀の悲劇作家）の言ったことは正しい。
>
> 実際、これだけは、神でさえ奪われている
> なされたことを、なされなかったことにすること。
>
> （『ニコマコス倫理学』第六巻第二章1139b5-11）

過去は過去として受け入れるほかありません。しかし受け入れ方によって、過去の意味は変わってくる可能性があります。これは単に解釈の問題ではありません。現在の生き方、未来の生き方にかかわってくる問題だからです。過去はこれから先の未来との関係によって、さまざまな姿を見せるはず

です。より重要なのは、私たちが生きている現在の時間、あるいはむしろこれから生きようとする未来の時間です。その未来はまだ形のないものであり、これから現実化されるべきものです。未来のことについては、私たちはいろいろと迷い、ああしようか、こうしようかなどとしばしば悩みます。私たちはAをすることもでき、Bをすることもできます。少なくともそう考えています。もちろん不可能なこともあります。できる範囲で、Aをしようか、Bをしようか、それともCをしようかと思い悩むのです。

こうした状況のなかで、私たちは最善の選択を目指します。「選択」やそれに基づく行為は人間だけができることであって、野生の動物にはできないものとアリストテレスはくりかえし述べています（『ニコマコス倫理学』第三巻第二章1111b9、第六巻第二章1139a20、第七巻第六章1149b34）。野生の動物たちはもっぱら本能によって行動するものと、彼は見ているのでしょう。しかるに、人間のなす最善の選択、最善の行為に関する知識は、自然や数に関する知識とは異なっており、他の事態がありうる事柄、必然的でない事柄にかかわる知識であって、その原理、その決め手は選択し、行為する私たちの側にあります。アリストテレスはこのような知識を「行為的な学」（プラークティケー・エピステーメー）と呼んでいます。「行為的な」と訳された原語の「プラークティケー」は、「行為」を意味するギリシア語「プラークシス」（prâxis）の形容詞です。これは英語の practice（実践）の語源であり、「プラークティケー・エピステーメー」は「実践的な学」と訳すこともできます。

さらに、私たちはさまざまな技術によっていろいろなものを作り出します。料理術、建築術、医術など、多数あります。これらの知識も必然的でない事柄にかかわり、その原理は技術者の側にあります。あるものを作り出すのも作り出さないのも、また、どのように作り出すかも、技術者の能力次第だからです。こうした知識をアリストテレスは「制作的な学」（ポイエーティケー・エピステーメー）と呼んでいます。

以上、三種類の学がアリストテレスの哲学の分類です。自然や数にかかわる「観想的な学」、人間のなす選択や行為にかかわる「行為的な学」、そしてものを作り出す「制作的な学」の三種類です。大きく分けられたこれら三種類の学には、扱う対象によってさまざまな学が入ってきます。「制作的な学」についてはさまざまな技術が考えられますが、アリストテレスの論考としては、文芸の創作の技術を論じた『詩学』、および説得の技術を論じた『弁論術』があるだけです。他の技術については、おそらくアリストテレスが関心を寄せるところではなかったのでしょう。他方、「行為的な学」には、倫理学や政治学などが入ってきます。倫理学と政治学のことをアリストテレスは、「人間の事柄に関する哲学」とも呼んでいます（『ニコマコス倫理学』第一〇巻第九章1181b15）。

このように見てくると、アリストテレスの言う「哲学」とは、現在私たちが「学問」と呼んでいるものと同じであるように見えます。私たちも実際、さまざまな学問を大きく分けています。たとえば、理系の学問と文系の学問に分けたり、あるいは自然系の学問、人文系の学問、社会系の学問などに分けたりしています。しかし私たちはそうした学問の分類の原理やつながりについてはあまり考えません。自分の関心に応じて、動物学の研究をする人は動物学に専念し、政治学の研究をする人は政治学に専念します。ところが、アリストテレスの場合、一つ一つの哲学は扱う対象や原理によって区別されてはいても、ばらばらではなく全体としてつながっており、どの分野の哲学も、手近な現象から万有の生成まで、この世界のあらゆる事象の理解に貢献するものです。そしてその理解は、第一の原理・原因を見きわめることによって、十分なものになると考えられています。この観点から見るとき、アリストテレスが哲学のなかでも最も根本的と考えるものを取り出すことができます。それが「第一哲学」であり、「形而上学」と呼ばれるものなのです。

6 形而上学の由来

アリストテレスの哲学の分類において、問題なのは「観想的な学」です。このなかには何が入るのでしょう。自然学と数学が入ると思いますが、アリストテレスはさらにこんなことを言っています。

さて、このようにして、三つの観想的な哲学（ピロソピアー）があることになる、すなわち数学と自然学と神学（テオロギケー）とが、…そして、最も尊い学は最も尊い類の存在を対象とすべきである。こうして、一般に観想的な諸学は他の諸学よりもいっそう望ましいものであるが、観想的な諸学のうちではこの神学が最も望ましいものである。（『形而上学』第六巻第一章1026a18-23、出隆訳）

アリストテレスはここで数学と自然学のほかに、神学を観想的な哲学だと言っています。この「神学」とはいったい何でしょうか。アリストテレスはこれによって何を言おうとしているのでしょうか。彼は哲学が驚きから始まることを述べた文章のあとで、実は、第一の原理・原因にかかわる知恵について次のようなことを語っているのです。

……およそこの種の知識よりも尊重すべき知識がほかにあると考えてはならない。なぜなら、最も神的な知識は、また最も尊重されるべき知識だからであり、そしてわれわれの求めている知識だけが、二重の意味においてそのような性格のものであると言えるであろう。

すなわち、もし神が所有するのに最もふさわしいような知識があれば、それは神的な知識であるし、また、もし神的なものを対象とするような知識が何かあるとすれば、それも神的な知識である。しかるに、ただわれわれの求めているこの知識だけが、これら二つの条件を完全に満たしているのである。すなわち、神はほかならぬ万物の原因の一つであり原理であると考えられているし、そして、このような知識を、ただ神のみが、あるいはほかの何ものにもまして神こそが、最も所有しうるであろう。
かくて、生活に必要である程度からいえば、ほかのすべての知識はこの知識よりも必要であるけれども、よりすぐれているという点では、どのような知識もこれに及ばないのである。(『形而上学』第一巻第二章983a4-11、藤沢令夫訳)

知恵は最終的に神的なものを対象とする知識にいたる、とアリストテレスは考えているのです。言い換えれば、求められる知恵は神学に行き着くということです。それは自然学に収まるものではなく、それを超えるもの、あるいはそれの深層にあるものです。なぜなら、「神はほかならぬ万物の原因の一つであり原理である」と見られており、知恵は神的なものを対象とするものだからです。その知恵は、最も尊い知識であり、また神が所有するにふさわしい知識と考えられています。他方でしかし、アリストテレスはこんなことも言っています。

存在を存在として研究し、またこれに自体的に属するものどもを研究する一つの学がある。この学は、いわゆる部分的諸学のうちのいずれの一つとも同じものではない。というのは、他の諸学のいずれの一つも、存在を存在として一般的に考察しはしないで、ただそれのある部分を抽出し、これについてこれに付帯する属性を研究しているだけだからである。たとえば数学的諸学がそうである。さて、われわれが原理を尋ね最高の原因を求めているからには、明らかにそれらは或る自然の原因としてそれ自体で存在するものであらねばならない。ところで、存在するものどもの構成要素を求めた人々も、もしこのような原理を求めていたのであるとすれば、必然的にまたそれらの構成要素も、付帯的意味で存在するものどもの構成要素ではなくて、存在としての存在の構成要素であらねばならない。それゆえにわれわれもまた、存在としての存在の第一の原因をとらえねばならない。（第四巻第一章1003a21-32、出隆訳）

どういうことでしょうか。ここで「存在するものどもの構成要素を求めた人々」とは、タレスを始めとする初期の哲学者たちのことです。この人たちの哲学が「存在としての存在の構成要素」を求めていたとすれば、それは単に自然を自然として研究する自然学ではなくて、むしろ存在を存在として研究する学であり、存在の第一原因を探求するものだとアリストテレスは見ているのです。その第一原因は、彼によれば、神的なものであり、存在の第一原因の探求は神学と同じものと考えられているのです。ここからアリストテレスはまた、「たしかに自然学もまた一種の知恵であるが、しかし第一の知恵ではない」（第四巻第三章1005b1-2）と主張するのです。

それではタレスらの探求は「神学」と呼ぶべきなのでしょうか。またタレスは「神学者」なのでしょうか。必ずしもそうではありません。たしかに、タレスについてアリストテレスは次のようなことも言っています。

ある人々は、魂は宇宙全体のうちに混ぜ合わせられていると主張している。タレスが万物は神々に満ちていると考えるに至ったのも、おそらくこのような見解に基づいてのことであろう。(『魂について』第一巻第五章411a7-8、中畑正志訳)

つまり、宇宙全体には魂(命)が行き渡っており、この宇宙は生きている。その命の原理は神的なものであり、タレスはまさに「万物は神々に満ちている」と考えたのだと、こうアリストテレスは推測しています。しかし、先に見たように、アリストテレスによれば、タレスは万物の原理を「水」と考えており、その理由として「あらゆるものを養いはぐくむものが水気をもっているという事実」を挙げていました。この点を考え合わせると、タレスの場合、水が命の原理であり、魂であり、神である、ということになるでしょう。「神」は「水」の別名であって、「万物は神々に満ちている」というのは、「万物は水に満ちている」というのと等しいのです。しかし水は神のような存在であっても、アリストテレスの考えるような神ではありません。この意味で、タレスの哲学を「神学」と呼ぶことは適切ではないはずです。また、タレスのことを「神学者」と呼ぶこともできないでしょう。むしろ、「神学」というのはアリストテレスの考え方を反映したものと見られます。彼は私たちの住んでいる、この宇宙全体を視野に入れて、こう言っているのです。

……或るもの(第一の天界)があって、これは常に動かされつつ休みなき運動をしている、そしてこの運動は円運動である（このことは単に言説においてのみでなく事実においても明らかである）。したがって、この第一の天界（最外周の天球）は永遠的なものであろう。だが、それゆえに、さらにこの第一の天界を動かすところの或るものがある。動かされ、かつ動かすものは中間にあるものだから、動かされないで動かすところの或るものがあり、これは永遠のものであり、実体であり、活動実現態である。それは、あたかも欲求されるものや思惟されるものが、動かすような仕方で動かす、すなわち、動かされないで動かす。（『形而上学』第一二巻第七章1072a21-27、出隆訳に準拠）

ちょっとむずかしい文章です。とりあえず、要点を捉えてみます。この宇宙の最も外側の天界を動かすもの、すなわちこの宇宙全体の最外周の動きのもとになるものについてアリストテレスは語っています。それは動かされないで動かすもの、つまり「不動の動者」です。アリストテレスは、これは「恋されるものが動かすように動かす」とも言っています（同1072b3）。恋される人は自分が動かなくても、恋する人の方が勝手に引き寄せられて近づいて来るからです。「不動の動者」は魅力的であり、「恋される人」に似ているのです。この「不動の動者」は、アリストテレスによれば、「無限の時間にわたって動かしている」（1073a7）がゆえに「永遠のもの」であり、また「このような原理に天界と自然界が依存する」（1072b14）がゆえに、つまり自分自身はそれらに依存せず独立に存在するがゆえに「実体」であり、また現に第一の天界の休みなき円運動をたえず引き起こしているがゆえに「活動実現態」なのです。そこでアリストテレスはこう言います。

神のそれ自体での活動実現態は、最も善き生命であり、永遠の生命である。だからわれわれは主張する、神は永遠にして最も善き生きものであり、したがって連続的で永遠的な生命と永劫が神に属するのだと。なぜなら、これが神なのだから。(同1072b28-30)

「不動の動者」とはこのような神のことであり、アリストテレスは万物の原理として「不動の動者」である「神」を想定し、万物はこの「神」の状態を、つまり最もすぐれた完全な状態を憧れ、まるでその状態を恋するようにして動いている、と考えるのです。こうした「神」についての考察をアリストテレスは「神学」と呼んでいると思われます。そして彼はこのような「神学」のことを、「第一の哲学」と言い換えてもいるのです(第六巻第一章1026a24、およびa30)。そこでさらに、彼はこうつけ加えています。

もし自然によって結合された実体より以外にはいかなる実体も存在しないとすれば、なるほど自然学が第一の学(プローテー・エピステーメー)であるだろう。しかし、もしなにか或る不動の実体が存在するならば、これを対象とする学の方がいっそう先であり、第一の哲学(プローテー・ピロソピアー)であり、そしてこのように第一であるという意味でこの学は普遍的でもあろう。そして存在を存在として研究すること、存在の何であるかを研究し、また存在に存在として属する諸属性をも研究すること、これこそはまさにこの哲学のなすべきことである。（同第六巻第一章1026a27-32）

つまり、アリストテレスによれば、神学＝第一の哲学＝存在論という図式が成り立っているのです。他方、タレスらは存在の原因探求に踏み込んではいても、アリストテレスの想定するような「不動の動者」のことなど少しも考えていません。ですから、この意味でタレスらの哲学は神学よりもむしろ、「第一の哲学」にかかわっている、しかも不十分な仕方でかかわっていると言う方が適切なのです。「最初の哲学は、若くもあり初めてのことでもあったので、何を語るにも舌回りがよくないようだ」とアリストテレスは言っています（第一巻第一〇章993a15-16）

ところが、この「第一の哲学」については歴史的にさらに別の呼び名が与えられてきました。それは「形而上学」という名称です。この名称はアリストテレスの著作にはまったく見出されません。しかしそれなら不思議に思う人がいるかもしれません。これまで引用されて来たアリストテレスの著作は『形而上学』ではなかったか、と。しかしこの「形而上学」という名称をアリストテレスが用いたという形跡は見出されないのです。この名称は何に由来するのでしょう。ひょっとして、アリストテレス自身が自分の論述のなかで使わず、ただ著作のタイトルにだけこの名称を使ったのでしょうか。そのような可能性もないわけではありません。たとえば、アプロディシアス（ミレトス東部の町）

のアレクサンドロス（二―三世紀頃）は、アリストテレスの『形而上学』第三巻第一章冒頭の、「われわれは求められている学（エピステーメー）のために、第一に問題とすべきもろもろの事柄について、最初に立ち入って述べておく必要がある」（995a24-5）という一文について、次のように注記しているからです。

今、求められており、提案されている学は、知恵そのものであり神学でもあるが、これをアリストテレスは、われわれとの関係においてあの学（自然学）のあとに続くという順序によって、自然の事柄のあと（メタ・タ・ピュシカ）と題している。また彼はそれを第一の知恵とも呼んでいるが、その理由は、その知恵が第一の、最も尊いものごとを観想するものだからである。そして同じこの理由のゆえに、それは神学でもある。（『アリストテレス「形而上学」注解』171, 5-7）

ここで「自然の事柄のあと」というのは、原語の「メタ（のあと）・タ（事柄）・ピュシカ（自然の）」の直訳です。意訳すれば、「メタ・タ・ピュシカ」とは、「自然学のあと」になります。この「自然学のあと（メタ・タ・ピュシカ）」こそ、伝えられているアリストテレスの著作のタイトルに組み込まれているものであって、注釈者のアレクサンドロスは、すでにつけられているタイトルから、先のような説明をしているようにも見えます。この点について確かなことはわかりません。なにしろ、アリストテレス自身が「メタ・タ・ピュシカ」というような表現を用いている形跡は、彼のどの論考にも見当たらないからです。彼が用いていたのは、「第一の哲学」であり、「神学」という名称です。アリストテレスの『形而上学』のタイトルの原語である、「タ・メタ・タ・ピュシカ」（自然学のあとの事柄）の起源はどこにあるのでしょう。

決定的な証拠はないのですが、新プラトン派の哲学者ポルピュリオス（二三四頃―三〇五頃）が師のプロティノス（二〇五頃―二七〇頃）の著作集『エンネアデス（九篇集）』を編集する際に、かつてアリストテレスの論考を編集したロドスのアンドロニコス（前一世紀）を範としたことに触れて、次のように言っています。

> まず第一に、私はプロティノスの著作を発表された年代順に乱雑なままにしておくことを正当とは考えず、アテナイの人アポロドロス（前一八〇年頃の学者）とペリパトス派（散歩派＝アリストテレス派）のアンドロニコスを真似ることにしたのである。前者のアポロドロスは、喜劇作家エピカルモス（前五世紀前半）の作品を一〇巻にまとめて編集したが、後者のアンドロニコスは、アリストテレスとテオプラストスの著作を、関連の深い題材のものを同じ部類のものへと編集することによって、もろもろの「論考」（プラーグマテイアー）に区分したのである。（『プロティノス伝』二四節）

この発言に続いてなされる、ポルピュリオスによるプロティノスの著作の整理の仕方（同二四―二六節）を見ると、アンドロニコスが、アリストテレスの諸論考を、倫理学的著作、自然学的著作、魂論的著作、そしてこれら以外の著作（形而上学的著作）に区分したことが推測され、ここから自然学に収まらないアリストテレスの諸論考に、「タ・メタ・タ・ピュシカ（自然の事柄のあとの事柄）」という名称がつけられたのではないかと推定されます。つまり、「タ・メタ・タ・ピュシカ」の起源は前一世紀のアンドロニコスにあるということです。

ここから、先に挙げた註釈家のアレクサンドロスは、「タ（事柄）」を落として、「求められている学」を「メタ・タ・ピュシカ」として言及したとも考えられます。けれども、これも定かではありません。いずれにせよ、その後、アリストテレスの問題の著作名「タ・メタ・タ・ピュシカ」は中世のラテン語で、metaphysica（メタフィジカ）となり、近代語では、metaphysics（英）、Metaphysik（独）、métaphysique（仏）などとなります。その内容や考え方は、この学に取り組もうとするそれぞれの時代の哲学者たちによって、当然いろいろと異なってくるでしょうが、この学は、基本的に自然をこえた事柄にかかわりますから、目に見えない対象、感覚で捉えられない対象を扱う学ということになります。

そしてここから、英語の metaphysics が、日本語で「形而上学」と訳されたのです。その由来は日本における最初の哲学辞典である『哲学字彙』（井上哲次郎ほか編、一八八一年）に記されています。それによれば、「形而上学」という翻訳語は、中国の五経の一つであり、前六世紀の孔子の編集と言われる『易経』の「繋辞上伝」に見える、「形而上者謂之道、形而下者謂之器」という文章から造語されたということです。書き下せば、「形よりして上なる者、之を道と謂い、形よりして下なる者、之を器と謂う」となります。つまり、形をこえたものを道（原理）と呼び、形をとったものを器（現象）と呼ぶ、ということですが、形をこえたものとは目に見えないものであって、私たちが見たり触れたりできないもの、つまり感覚経験をこえた事柄を指しており、「形而上」という表現は、ちょうど「自然の事柄のあと（メタ・タ・ピュシカ）」、あるいはむしろ「自然の事柄をこえた」という意味に相当します。ここから metaphysics は、日本語で「形而上学」と訳されたと考えられます。もちろん、その内容はこれにかかわる人たちによってさまざまに異なります。「形而上学」は、必ずしもアリストテレスの言っていた存在を存在として研究する学に限定されません。たとえば、人は死んだらどうなるのか、あるいは、なぜこの世界は存在するのかなどといった問題は、形而上学的な問題です。私たちの死後の生やこの世界の存在理由などは、私たちの経験をこえた問題だからです。

7 デカルトの哲学概念

アリストテレスのあと、前三世紀末から紀元前後の時代までは通常、ヘレニズム時代と呼ばれます。「ヘレニズム」という用語は「ヘラス（ギリシア）化」という意味で使われ、ヘレニズム時代とはギリシア化された時代、ギリシア文化が広まった時代のことです。この時代には、快楽主義と原子論で有名なエピクロス（前三四一―二七〇）や、アテナイのアゴラ（中央広場）の北側近くにあった彩色柱廊（ストアー・ポイキレー）で講義したゼノン（前三三五―二六五）を祖とするストア派などが活躍します。もちろん、プラトンの学園アカデメイアやアリストテレスの学園リュケイオンもずっと活動しています。しかし、紀元前後からはイタリアのローマが大いに実力をつけてゆき、地中海世界を制覇することによってローマ帝国が成立し（前二七年）、時代はローマ時代に入ります。ところが、ローマ帝国は三九五年に東西に分裂し、さらに西ローマ帝国は四七六年にゲルマン人のオケアドルによって滅ぼされます。この西ローマ帝国の滅亡からヨーロッパの中世が始まり、その後コンスタンティノープル（ビザンティン）を首都とする東ローマ帝国（ビザンティン帝国）が栄えますが、その帝国は一四五三年にオスマン・トルコによって滅ぼされて、中世が終わりを告げます。

こうして時代は近世に移りますが、西ローマ帝国の滅亡（四七六年）から、東ローマ帝国の滅亡（一四五三年）まで、およそ一〇〇〇年の期間が、一応、ヨーロッパ中世の時代です。ただ、こうした時代区分は便宜的なものですので、確定したものではありません。哲学史上の古代は、前五八五年頃のタレスから、五二九年に東ローマ皇帝ユスティニアヌスがアテナイでの哲学を禁じた年までと見ることもできます。また、『告白』で有名なアウグスティヌス（三五四―四三〇）は古代末期の哲学者ですが、むしろ中世の哲学者として位置づけられたりもしています。あるいはまた、一四世紀から始まるイタリア・ルネサンスは中世からの脱却の時代であって、中世末期の時代とは言えないように思います。ともあれ、一五世紀後半から時代は近世に移りますが、その時、哲学はどのように受け取られていたのでしょうか。

注目すべきは、フランスのデカルトです。デカルトは、ご存じのように、「われ思う、ゆえにわれあり」(Cogito ergo sum)で有名な哲学者です。時代は一七世紀です。彼は一六三七年にフランス語で出版した『方法序説』に続いて、そのあと一六四一年に『省察』を出し、一六四四年に『哲学原理』を出していますが、これら二つの著作は当時の学術語であるラテン語で書かれました。ところが、『哲学原理』の方はその三年後の一六四七年に、友人によってフランス語に訳されて出版されました。そのフランス語訳の出版にあたって、デカルトは友人への手紙というかたちで「序文」を書いたのです。その「序文」でデカルトは哲学について、たいへんわかりやすく説明しています。彼は、最初のところでこんなふうに述べています。

私が序文を書くとしたなら、まず第一に、哲学とは何であるかを明らかにしようとして、次のような周知の事柄から始めたでありましょう。すなわち、「哲学」という語が知恵の探究を意味すること。知恵とは単に実生活における思慮を指すばかりでなく、人間の知りうるあらゆることについての完全な知識——自分の生活の指導のためにも、健康の保持やあらゆる技術の発明のためにも役立つような知識――をも指すこと。この知識がこれらの目的に役立つものであるためには、それが第一原因から導き出されることが必要であり、したがって、こういう知識の獲得に努める――これが本来、哲学すると名づけられることですが――、そのためには、そのような第一原因の、すなわち原理の、探求ということから始めなくてはならないこと。(『哲学原理』「著者から仏訳者にあてた手紙――序文にかえて――」、井上庄七、水野和久訳に準拠)

哲学とは「知恵」の探究(étude)であり、それは言い換えれば、「第一原因」の探求(recherche)なのだと、デカルトは述べています。また知恵は、「実生活における思慮」ばかりでなく、「人間の知りうるあらゆることについての完全な知識」のことだとも言っています。こうした考え方は、これまで見てきたアリストテレスの哲学の見方と同じものでしょう。この「手紙」でデカルトは、「この数世紀の間、哲学者たらんと志した人々の大部分は盲目的にアリストテレスに従ってきました」と言いながらも、哲学の枠組みについてはアリストテレスを継承していると考えられます。そして「手紙」の最初のところではさらに、「哲学することなしに生きてゆこうとするのは、まさしく、目を閉じてけっして開こうとしないのと同じこと」とまで言って、デカルトは哲学の重要性を説いており、そのうえで、彼はくり返しています、「最高の善というのは、信仰の光の助力なしに自然的な理性によって考察するかぎり、第一原因による真理の認識、すなわち知恵にほかならず、これの探究が哲学なのです」と。

デカルトによれば、哲学とは知恵の探究のことです。この定義はギリシア語の「ピロソピアー」の文字通りの意味と言えるものです。しかし、哲学の究めようとする知恵を、デカルトは、「人間の知りうるあらゆることについての完全な知識」と述べるとともに、「第一原因による真理の認識」とも言っています。つまり、デカルトも、アリストテレスと同様に、哲学を学問の全体のように見ながら、その根本は第一原因の探求と考えているのです。実際、彼は「手紙」で次のように言っているのです。

> ……真の哲学と真剣に取り組むことを始めるべきです。この哲学の第一の部分は形而上学で、認識の諸原理を含み、これらの原理のなかで、神の主要な属性、われわれの精神の非物質性、われわれのうちにある明晰で単純な概念すべてについての説明が与えられる。第二の部分は自然学で、そこにおいては、物質的事物の諸原理を見出したあとで、一般的には、全宇宙がどのように構成されているかを調べ、次いで個別的に、この地球の本性、および地球の周囲に最も普通に見出されるすべての物体の本性、たとえば空気や水や火や磁石や他のもろもろの鉱物の本性が、いかなるものであるかを調べる、という順序になる。それに続いて、やはり個別的に、植物の本性、動物の本性、そしてなかんずく人間の本性を調べることも必要であります。これは、そのあとで、人間にとって有益な、もろもろの学問を見出すことを可能にするためであります。

かくて哲学全体は一本の木のようなものであって、その根は形而上学であり、その幹は自然学であり、この幹から出ている枝は他のもろもろの学問であり、これらは三つの主要な学問、すなわち医学と機械学と道徳とに帰着します。ここに言う道徳は、最も高い最も完全な道徳であって、他の諸学のまったき知識を前提し、知恵の最高の段階であります。

ところが、木の実が摘み取られるのは、木の根からでも幹からでもなく、枝の先からだけであるように、哲学の主要な効用も、最後にいたってはじめて学びうる諸部分の効用にかかっているのであります。

デカルトは哲学の全体を一本の木にたとえています。このいわゆる〈哲学の木〉の根は、形而上学(アリストテレスにならって、「第一哲学」とも呼んでいます)、幹は自然学、そして枝はもろもろの学問であり、その主要なものは、医学、機械学、道徳であり、哲学の果実は枝から摘み取られる、特に、知恵の最高の段階である「道徳」から摘み取られるのだと、このようにデカルトは考えています。この場合の「道徳」(Morale)は、アリストテレスの表現を使えば、「倫理学」です。こうした哲学の最終目的は人間のよりよい生活であり、幸福です。よりよい哲学を求めようとしない人たちに対して、デカルトは「手紙」の最後で、彼の諸原理から導き出される真理のつながりに言及したうえで、「これらの真理がわれわれを、どれほど高い段階の知恵にまで導き、どれほど完成した生活にまで導き、どのような至福にまで導くものであるかを知るにいたるならば、かくも有益な研究にたずさわろうと心がけない人はいないであろう、……願わくは、われらの子孫が成果をおさめんことを」と情熱を込めて語っています。

しかしながら、〈哲学の木〉について、今の私たちから見て奇妙に思えることがあります。というのも私たちは、枝にあたる、医学や機械学などを「哲学」などと呼んでいないからです。また、幹にあたる「自然学」についてもそうです。「自然学」には天文学や気象学、また今日の物理学や化学だけでなく、地質学、あるいは動物学や植物学などが入っています。これらも私たちは「哲学」と呼んでいません。とはいえ、こうした見方はすでにアリストテレスに見られたものではないかと思われるかもしれません。たしかに、そうです。アリストテレスだけでなく、それ以前の、ソクラテスやプラトンの時代から「哲学」は「学問研究」という意味を合わせもっていました。

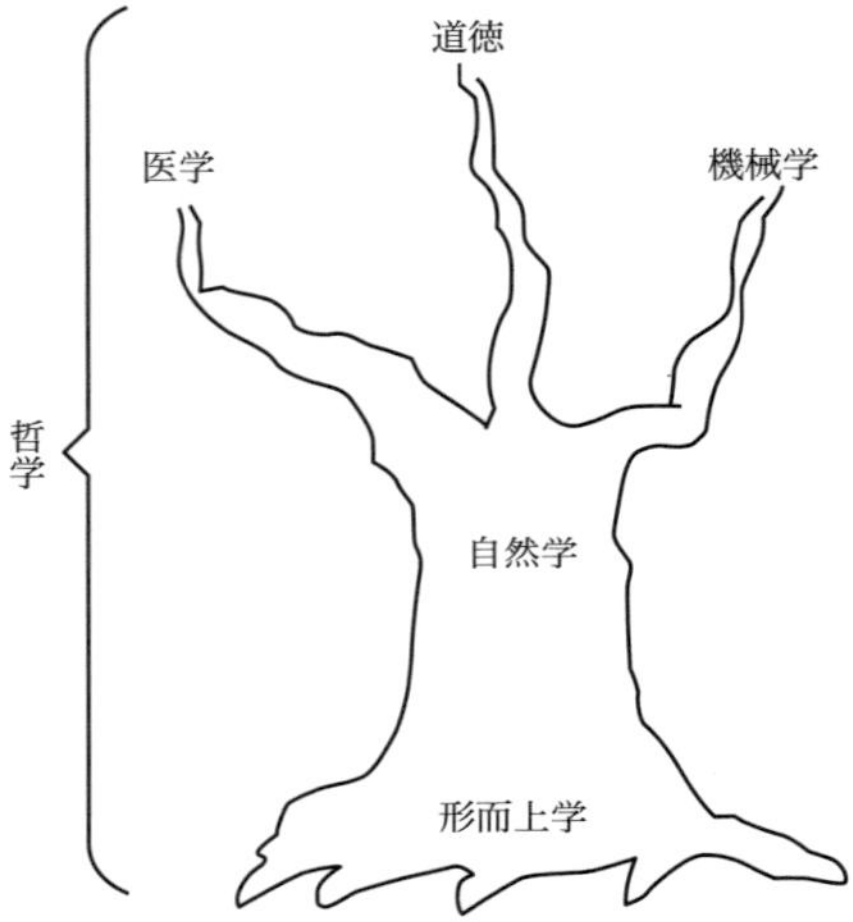

哲学の木

ところが、問題はむしろ、アリストテレスのような考え方が、古代ギリシアから近世のデカルトまで、長い間にわたって続いてきたことなのです。人間がいろいろなものごとを知るということは、人間の生活に根ざしたものであり、その営みがどれほど多方面におよぶものであろうと、根本的には同じたぐいの営みであると考えられます。つまり、知恵を愛し求めるという哲学は人間の知識探求の全体をおおうものであって、本来、広い意味をもち、植物の研究なども一つの「学問」であると同時に、知恵を目指す哲学の一環と言えるはずです。ところが、二一世紀の現在、そのような見方はなされていません。いったい、このような変化は、いつ、どのようにして起こったのでしょうか。

8　哲学と近代科学

デカルトの生きていた時代は一七世紀です。デカルトは哲学を一本の木にたとえていました。その本体部分にあたる幹は自然学です。これは「自然」（ギリシア語で「ピュシス、physis」）に関する学であり、アリストテレス以来、哲学の重要な部分です。ところが、私たちが「物理学」と呼んでいるものの英語は、「フィジックス」（physics）です。また、「自然学」も英語で「フィジックス」（physics）なのです。つまり、どちらも「自然」に関する事柄であって、同じなのですが、「フィジックス」の意味合いが変化したために、日本語では「物理学」と「自然学」というふうに訳し分けられるのです。この変化は何によるのでしょうか。

私たちは高校で物理学を習います。ニュートン（Isaac Newton, 一六四七―一七二七）の名はだれもが知っているでしょう。ニュートンは理論物理学者として有名です。木からりんごが落ちるのを観察して、万有引力の法則を発見したという、作り話のようなエピソードもよく知られています。このエピソードはさておき、万有引力の法則が示されたニュートンの本は、ラテン語で書かれた『自然哲学の数学的諸原理』（一六八七年）です。原題は、*Philosophiae Naturalis Principia Mathematica* です。タイトルが長いので、この本は、通常、『プリンキピア』（*Principia*、諸原理）と略称されています。問題はしかし、「自然哲学の」（*Philosophiae Naturalis*）という部分です。ニュートンは現在では「物理学者」と見られていますが、この本のタイトルから、彼自身は「物理学」ではなく、「自然哲学」あるいはむしろ「哲学」の仕事をしていたと考えられるのです。その仕事は、デカルトの〈哲学の木〉のまさに「自然学」にあたる部分です。

ニュートン自身、その本の「読者への序文」で次のように述べています。

われわれは技術（ars）ではなく、哲学（philosophia）に留意し、手先の力についてではなく、自然界に存在する力について書き、主として重さ、軽さ、弾力、流体の抵抗、その他、引き寄せるものであろうと押しやるものであろうと、同様の力に関係する事柄を扱う。そしてそれゆえに、われわれのこの著作を哲学の数学的諸原理として提出する。

こうした考え方はもう一世紀続いてゆきます。たとえば、近代原子論の創始者であるドルトン(John Dalton, 一七六六―一八四四)は、一八〇八年に『化学哲学の新体系』(*A New System of Chemical Philosophy*)という本を出版しています。彼も本のタイトルに「哲学」(*Philosophy*)という言葉を使っており、「哲学」の仕事をしていたと見られます。要するに、デカルトの〈哲学の木〉のイメージは、一九世紀始めまで維持されているのです。しかし、状況は徐々に変わっていきます。たとえば、『人間知性論』(一六九〇年)で有名な哲学者ロック(John Locke, 一六三二―一七〇四)は医者でもあったのですが、彼はその本の第四巻第三章二六節の冒頭でこんなことを言っています。

それゆえ、私は疑いがちなのだが、どれほど人間の勤勉が物理的な事物で有用な実験哲学(*experimental philosophy*)を前進させようと、学問的知識にはなおも届かないであろう。なぜなら、私たちは、自分に最も身近で最も意のままになるようなまさにもろもろの物体でさえ、それらについての完全で十分な観念を欠いているからである。

この一文は実験哲学(experimental philosophy)の限界を指摘したものですが、ここからむしろ逆に、当時「実験」が「哲学」のなかで行なわれていたことがわかります。このことは、デカルトが〈哲学の木〉の枝に「医学」や「機械学」を挙げていただけでなく、『方法序説』第六部で実験の必要性を説いているところからも知られます。そうすると、これまで「哲学」という名のもとにさまざまな学問が包括されていたのですが、次第に実験という方法や扱う対象の違いによって、そういった学問に単純に「哲学」という名を適用しにくい状況が生まれてくるようになります。そのような時に、イギリスの哲学者ヒューエル（William Whewell, 一七九四―一八六六）がこれまでの「自然哲学者」や「実験哲学者」という名前に代えて、「科学者」（scientist）という呼び名を提案することになります。一八三四年のことです。彼は匿名で『季刊評論』に寄稿し、次のように書いています。

……かくして学問（science）は、とりわけ自然学（physical science）は、統一性のあらゆる痕跡を失っている。この結果の奇妙な例証は、われわれが物質世界の知識の研究者（the students of the knowledge of the material world）というものを、まとめて呼びうる名称をいっさい欠いているところに認められるかもしれない。われわれはこの困難が、過去三年の夏に催された、ヨーク、オックスフォード、ケンブリッジでの会合で、英国科学振興学会（the British Association for the Advancement of Science）の会員たちによって非常に重苦しく感じられたことを知らされている。こうした紳士たちが自分たちの営みとの関連で自分たちのことを言い表わしうる一般的な用語は存在しなかったのである。哲学者たち、(Philosophers) という名称はあまりに意味が広く、あまりに高尚な用語であると感じられたし、またその名称は文献学者と形而上学者の能力において、コールリッジ氏によってきわめて正当に彼らには禁じられていたのである。*savant*（学識者）というのは、英語ではなくフランス語であるという点に加えて、かなりおこがましいものであった。そこで才気ある某紳士（ヒューエル自身のこと）が、「アーティスト」(*artist*) とのアナロジーによって彼らは「サイエンティスト」(*scientist*) というものを形成してよかろうと提案し、こうつけ加えた、われわれは、*sciolist*（えせ学者）、*economist*（経済学者）、*atheist*（無神論者）のような言葉をもっているわけだから、このような語尾（*ist* という語尾）を自由に使うのに何のためらいもありえないだろうと。(*Quarterly Review* 51, 1834, p. 51)

ヒューエルは「科学者」(scientist) という呼称を、「物質世界の知識の研究者」の意味で使うことを提案しました。造語されたこの「科学者」という呼称が次第に定着してゆき、現在にまでいたっています。しかしこうした呼び方の変化の背景にあるのは、デカルトの〈哲学の木〉のイメージが一八三四年の時点では、もう崩れつつあったという事態です。「サイエンティスト」(scientist) という語が造語されることによって、「サイエンス」(science) という言葉もまた変化し、もっぱらそれは「自然科学」を意味するようになりました。「サイエンス」(science) のもとになったラテン語は、知識や学問を意味する「スキエンティア」(scientia) であったのですが、「スキエンティア」のもとになるのは、同じく知識や学問を意味するギリシア語の「エピステーメー」(epistēmē) です。ところが、デカルトの活躍した一七世紀から、ニュートンを経て、ドルトンの一九世紀になり、その後も「自然学」ないし「自然哲学」の発展はめざましく、それは実験と数学的手段によって大きな成果を挙げていきました。日本のギリシア哲学研究で著名な藤沢令夫は、「科学者」(scientist) というそれまで存在しなかった英語を造ったことは、「事実上、哲学からの『科学』(サイエンス) の独立宣言であったといえる」と指摘しています(『プラトンの哲学』七頁、また藤澤令夫「価値としての科学と文化」第三章二節「『知』(scientia) の概念の推移」に、より詳しい記述があります)。

こうして、もともと個々の学問や知識を意味する「科学」(science) も、もはやそうした意味よりもむしろ「物質世界」を扱う「自然科学」を意味するようになりました。ですから、この観点からすると、厳密に言えば、「人文科学」とか「社会科学」といった表現は、矛盾をかかえた表現ということになります。実際、日本文学の研究者を、私たちは「科学者」などとは呼ばないでしょう。それはともかく、話をデカルトの〈哲学の木〉に戻します。ここで私たちが注意すべきは、こうした近代科学の発展とともに、一九世紀には、さまざまな学問が〈哲学の木〉から分化独立していったという状況です。それらは「哲学」とは別の学になっていったのです。そしてもはや「哲学」とは呼ばれなくなっていったのです(日本に哲学が輸入されたのも、一九世紀のこのような状況においてでした)。とすれば、〈哲学の木〉には「哲学」として何が残るのでしょうか。自然学のさまざまな分野も、またそれらの応用である医学や機械学も「哲学」から独立していきました。こうして残されているのは、「形而上学」と「道徳」（「倫理学」）だけのように見えます。

第六話　哲学の終焉

1 論理実証主義の視点

これまで私たちは、古代ギリシアにおいて「哲学」がどのような過程をたどって「哲学」として成立してきたか、またそれがどのようなかたちで受け継がれ近世のデカルトに至っているかを見てきました。そのうえで、一九世紀における近代科学の発展とともに、多くの学問が「哲学」から独立していった事情を確認しました。デカルトの〈哲学の木〉に残されているのは形而上学と道徳（倫理学）の部分だけであるように見えます。これらはデカルトが非常に重要な哲学の部分と考えていたものです。形而上学は他の学問の土台となるものであり、道徳は哲学の最終的な成果となるものです。

形而上学や道徳の内容については、デカルトはデカルトなりの考えをもっています。たとえば、『方法序説』で語られる「われ思う、ゆえにわれあり」といった主張や、この主張に基づく神の存在証明、あるいはこういった形而上学的考察に取り組むにあたって、さしあたり設けられたいわゆる「仮の道徳（暫定的道徳）」、つまり生き方が明確でないときに仮に立てられた行動原則（極端を避け、決断にしたがい、運命よりも自分に打ち克つよう努めることなど）のことですが、こうしたデカルト自身の考えについては、ここでは立ち入りません。それらはデカルト研究において大いに論じられてきたものであり、本書の範囲をこえるものだからです。むしろ、ここで問題にしたいことは、形而上学や倫理学の一般的な特徴です。デカルト以外にも、形而上学的な問題、あるいは倫理的な問題を扱う哲学者たちは、過去現在を問わず数多くいますが、注意すべきは、そういった問題に関して何か普遍的な解答のようなもの、客観的に人々に受け入れられうるような解答は見出しにくいということなのです。

この点について踏み込んで考えた人として、イギリスのA・J・エアー（Alfred Jules Ayer, 一九一〇―八九）という哲学者がいます。エアーは一九二九年からオックスフォードで哲学を学び、一九三二年に学位を得て講師の仕事をしますが、戦前のオックスフォードの哲学はひどく不毛で、哲学史にしか関心を示さず、たとえばプラトンの言ったことをそのまま繰り返しているような古い人たちがいたということです。若いエアーはケンブリッジに行ってウィトゲンシュタインのもとで勉強しようと思ったのですが、彼の先生であったライル（Gilbert Ryle, 一九〇〇―七六）のすすめで、ウィーンに留学します。一九三二年一一月から一九三三年四月までのわずか五ヵ月の滞在です。

この時、ウィーンではドイツの哲学者シュリック（Moritz Schlick, 一八八二―一九三六）を中心に「ウィーン学団」が組織され、論理実証主義を唱えていました。エアーはシュリックらの議論を聞き、多くを学んで帰国し、一九三四年に「形而上学の不可能性の論証」という論文を発表するのですが、思想史家として著名な友人のアイザイア・バーリン（Isaiah Berlin, 一九〇九―九七）のすすめで、『言語・真理・論理』（*Language, Truth and Logic*）を書き、一九三六年に出版します。今、私が話しているこうした事情については、エアーがイギリスの放送局BBCで、放送局員でもあり、哲学の著述家としても著名なマギー（Bryan Magee, 一九三〇―）のインタヴューを受けて語っていたことによっています。このインタヴューは、マギーの『哲学を語る』（Bryan Magee, *Talking Philosophy: Dialogues with fifteen leading philosophers*, Oxford University Press, 1978）に収録されています。以下の話のなかでも、このインタヴューでのエアーの興味深い発言を取り入れることにします。

ともかく、『言語・真理・論理』によってエアーは、イギリスに論理実証主義を導入することになります。その主張は非常に明快であり、形而上学と倫理学は哲学の仕事ではない、というものです。論理実証主義（Logical positivism）という言葉は、エアーの作り出したものではなく、ウィーン学団の考え方に共鳴した北欧の二人の哲学者たち、フィンランドのカイラ（Eino Kaila, 一八〇九―一九五八）とスウェーデンのペッツェル（Åke Petzäll, 一九〇一―五七）によって一九三〇年頃に造語されたものと言われています。論理実証主義とは、文字通り、論理と実証によって命題の真偽を決定しようとする考え方です。この主義についてもいろいろな考え方や問題がありうるでしょうが、ここではそういったことにとらわれず、エアーの『言語・真理・論理』で示されている考え方について、その理解の手助けになるようなことも含めて、できるだけわかりやすく簡潔に説明したいと思います。

私たちは自分の生きるこの世界を理解し、できるものなら自分の人生がうまくいくことを望んでいます。その場合、私たちはこの世界の事象について考え、自分の生き方について考えます。そうした考え、自分の頭の中にある考えは、そのほとんどが言葉によって構成されています。私たちは言葉によって考え、言葉によって世界を理解し、自分の人生を了解しようとします。しかしその言葉はどうなっているのでしょうか。

私たちはものごとを考える場合、何かについて考えています。そうでなければ、何も考えていないことになるでしょう。考えている場合、何かについて考えているのです。何を考えているのでしょうか。そのいちばん基礎になっているところを一般的に言うなら、あるものごとがこれこれだと考えているのです。つまり、私たちの思考の根底では、私たちは何かあるものごと（X）について、これこれ（F）だと考えているのです。たとえば、空は青い、といったふうにです。こうした考えている内容のことを、つまり、XはFである、という内容のことを「命題」（proposition）と呼びます。これを何語で表現しても、その内容は同じです。The sky is blue、と英語で言っても、語られていること、考えられている内容は日本語の場合と同じです。そしてこの命題内容を私たちは思ったり考えたりするだけでなく、信じたり望んだりすることができます。青空であればいいなあ、などです。

また、語られる状況や時などを考慮する場合には、その発言を指し示すのに、「命題」という言い方の代わりに「言明」（statement）という言葉も用いられます。こうした命題や言明、あるいはそれらの組み合わせによって、私たちは世界のものごとを理解し、自分の人生を理解しようとしている、と言えます。問題は、そういった命題や言明が正しいかどうか、私たちの考えていることや言っていることが正しいかどうかです。だれも間違った考えで生きてゆきたいとは思わないでしょう。ソクラテスが言っていたように、真実に留意せよ、です（『弁明』29E）。

2 命題の種類

それでは、命題にはどんな種類があるのでしょう。エアーは『言語・真理・論理』の序文のところで、真正の命題には二つの種類があると言います。一つは、観念の関係にかかわる命題、もう一つは、事実にかかわる命題です。ちょっとむずかしい言い方ですが、落ち着いて考えてみましょう。「真正の」（genuine）という形容詞をつけているのは、「真正」ではない、つまり本物ではない命題があるからです。命題のように見えて、命題ではないものがあるからです。この点については、のちに触れたいと思います。私たちの頭のなかには、いろいろな観念が思い浮かびます。観念の関係にかかわる命題というのは、一言でいえば、論理的な命題のことです。たとえば、2＋2＝4とか、A＝Aとかです。2という観念、＋という観念があれば、2＋2の観念ができあがります。それはまた4の観念と等しい関係にあると言えます。2＋2＝4は観念と観念の関係を述べたものです。私たちはこのようなことを頭のなかで考えているのです。文章で表現して命題にすれば、2に2を加えたものは、4である、ということになります。この場合、「2」とか、「＋」とか、「＝」といった記号の意味、また10進法という約束を知っていれば、この命題は正しいと判断できます。ですから、2＋2＝5は、もちろん誤りです。

しかも、2＋2＝4は確実に真であり、2＋2＝5は確実に偽です。なぜそうなのかと言えば、「2＋2」のことを「4」と呼ぶ、というふうに約束されているからです。つまり、2＋2＝4というのは、言い換えれば、4＝4のことであり、A＝Aという原理（伝統的に「同一律」と呼ばれてきました）の一例なのです。これは一般に「トートロジー」（tautology、同語反復）と呼ばれるものです（論理学では、「恒真式」と訳されています）。エアーは論理的な命題の真はトートロジーによるものと考えます。たとえば、Xは、pかpでないかのどちらかである、というのもそうです。pと、pでないの両方ですべての場合が尽くされるからです。Xの状態をFとすると、それが、pかpでないかのどちらかである、というのは、Fのすべての状態はFのすべての状態である、と言っているのと等しいのです。たとえば、今、雨が降っているか降っていないかのどちらかである、と言えば、その言明は必然的に真です。窓を開けて外を見なくても、その言明は真なのです。私たちの経験とは無関係に、論理的に真が成り立つからです。つまり、A＝Aなのです。矛盾がないという意味で、このような考え方は、「真理の整合説（Coherence Theory）」と呼ばれたりすることもあります。

もう一つの種類は、事実にかかわる命題です。水はH_2Oである、といった命題がそうです。これは世界に存在する水という物質について述べたものです。水の電気分解の実験をして確かめれば、水が、水素2原子と酸素1原子から成り立っていることがわかります。世界の事実と命題とが対応しているのです。これは通常、「真理の対応説（Correspondence Theory）」と呼ばれます。ただし、このような命題がいつも真かというと、そうでない可能性もあります。この地球に何か異変が起きて、H_2Oから水とは思えないような物質が生じる場合もありうるからです。またたとえば、今のところ、地球が一日一回自転し、太陽は毎朝、東の空から昇ります（昇るように見えます）。しかし、こういった自然の現象もある日突然変化し、地球の自転が止まって、太陽が東から昇らなくなることもありえないことではありません。つまり、この世界の事実に関しては必然的に、永遠に確かだという命題はなく、それゆえ事実にかかわる命題というのは蓋然性しかもちえないと考えられます。

とはいえ、蓋然性にもさまざまな程度があります。太陽が東から昇るという蓋然性は圧倒的に高く、ほとんど必然性に近いものです。また、人間はだれでも死ぬ、というのもそうです。しかし、たとえ蓋然性の低いものであっても、私たちは少なくともそうした事実的な命題の真偽を確かめることができます。五分後に地震が起こる、といった言明の真偽も、五分後の事実によって確認することができます。事実的な命題の真偽を検証するための最終的な根拠は、私たちが見たり聞いたり触れたりするといった、私たちの感覚経験です。

私たちは自分の住んでいるこの世界の事象について語り、また他方、そうした事象とは別に論理や数学の世界について語ります。語られた命題は、どちらの種類のものであれ、正しいか誤りか、つまり真か偽かということを確かめることができます。世界の事象に関する命題の真偽、つまり命題が事象に対応しているかどうかは経験的に検証可能です。論理や数学に関する命題の真偽はトートロジーかどうかによって、つまり記号の意味と定められた規則によって明らかになります。こうして真偽を問いうる命題が真正の命題、本物の命題です。ところが、私たちが出会う命題というのは、こういった真偽を確認しうる命題ばかりではありません。そこでエアーは次のように言います。

もし命題と想定されているものがこの原理（検証原理）を満たさず、またトートロジーでもないなら、その場合私は、それは形而上学的であると見なし、また形而上学的であるがゆえに、それは真でも偽でもなく、文字通り無意味（senseless）であると見なす。（*Language, Truth and Logic*, in Pelican Books, p. 41 以下、引用箇所のページはすべて Pelican Books のものによります）

要するに、経験的に検証できない命題や、論理的でないような命題は、真偽を問うことのできない「形而上学的」な命題（より正確に言えば、「命題」と思われているもの）であって、「無意味」（senseless）だという考え方です。「無意味」というのは、価値がないということではありません。真か偽かを問うことができない、あるいは客観的に真偽を確認できないという意味で「無意味」と言われているのです。しかし、エアーの見るところ、「無意味」な命題は形而上学的なものだけに限りません。倫理学の命題や美的判断もそうした性格をもっていると彼は考えるのです。この点を具体的に見ることにしましょう。

3　倫理的命題、形而上学的命題、美的判断

エアーは『言語・真理・論理』の第六章を「倫理学と神学の批判」と題して、容赦なく倫理学と神学（形而上学）を批判し、それらが哲学として成り立たないという主張を展開しています。その主張は興味深いだけでなく、デカルトの〈哲学の木〉のイメージで残された最も重要な部分を崩すようなものです。エアーはわかりやすい例を挙げながら説明していますので、それを順に見ていくことにしましょう。

まず、倫理的な命題について考えます。エアーはこんなふうに説明しています。私がだれかに、「あなたがそのお金を盗んだのは悪い」と言う場合、これは私が単純に、「あなたはそのお金を盗んだ」と言っているにすぎないのだと。つまり、「悪い」という言葉は言明のなかに入らない、ということです。「悪い」というのは、倫理的な判断を示す言葉ですが、これは出来事そのものについては何も語っていないということです。「悪い」のような「倫理語」（ethical symbol, ethical word）は命題の事

実内容を増すものではない、とエアーは主張します。その要点はこうなります。命題や言明はこの世界の何らかの事象について語ります。とすると、「あなたがそのお金を盗んだ」というのは、世界のなかの出来事であり、それが事実であるかどうかを確かめることができます。たとえば、目撃者の証言などによって確認できます。しかし、盗んだことが「悪い」と発言する場合、その「悪い」というのは世界のなかの出来事ではありません。世界のなかをいくら見ても、「悪い」というのは見当たりません。とすると、この「悪い」という言葉はどういうはたらきをしているのでしょうか。エアーは言います、「私は単純に、私の道徳的不承認を表明しているだけだ」と(p. 142)。つまり、「あなたがそのお金を盗んだのは悪い」というのは、「あなたはそのお金を盗んだ！」と叫んでいるようなものだと。要するに、「悪い」というのは、私の憤りや不快感、あるいは、許せない、といった私の感情を表現する言葉であって、世界における何らかの事実を語ったものではないということです。エアーはその要点を次のように述べています。

> 人が倫理的判断を行なっているであろうと通常言われるどの場合においても、関連する倫理語の機能は純粋に「情緒的」(emotive)である。それは、ある対象に関する感情(feeling)を表現するために用いられるのであって、そうした対象について何らかの断言を行なうためのものではない。(p. 143)

ここで言われている「関連する倫理語」というのは、「悪い」という言葉だけではありません。「よい」とか、「べき」とか、「いけない」とか、ほかにもいろいろあるでしょう。これらは何かに関する話し手の感情を表現しているにすぎないというのが、エアーの主張です。これは倫理学で通常、「情緒主義」(emotivism)と呼ばれる立場です。「悪い」とか「よい」といった言葉は話者の感情表現だということです。

この立場からすると、たとえば、死刑制度は悪い、死刑制度は廃止すべきだ、と主張する人と、死刑制度はよい、存続すべきだ、と主張する人との対立は、両者の感情の対立であって、客観的な善悪の対立ではないということになります。倫理的判断の妥当性を決定する基準を見出しえないのは、エアーによれば、「そうした判断がそもそもいかなる客観的妥当性ももたないから」です(p. 144)。そこで、ある文が世界の事実についていかなる言明も行なっていないとすれば、それの語っている内容が真か偽かを問うことには、明らかに意味がないとしたうえで、エアーは、道徳的判断を表現する文は、感情の純粋な表現であって、そのようなものとして、真偽のカテゴリーには入らず、真正の命題を表現しないがゆえに検証不可能だと主張するのです(同所)。

他方、神学的命題についても同じような批判をエアーは展開します。たとえば、神の存在についてです。神が存在する可能性すら証明する方法はない、と彼は主張します(p. 152)。神の存在ということがありそうなら、神が存在するという命題は経験的な仮説になりますが、そうすると、その仮説から、他の経験的仮説からだけでは導き出せないような命題を導き出しうることになるはずです。そうでなければ、「神の存在」は意味をなさないでしょう。しかし実際には、これは不可能だとエアーは言います。時には、自然世界のある種の規則性が神の存在の十分な証拠となる、と主張されることがありますが、その場合、神の存在を断言するというのは、自然世界に規則性が存在することを断言することと等しいということになります。「神」というのは「自然の規則性」の別名にすぎないということです。

しかしながら、宗教的な人はこのようなことを考えているわけではありません。むしろ宗教的な人は、「神について語る場合、ある経験的な顕現を通じて知られるかもしれないけれども、しかしそうした経験的な顕現によってはけっして定義されえないような超越的な存在について語っているのだ」とエアーは見て、こう反論します。

その場合、「神」という用語は形而上学的用語である。そしてもし「神」が形而上学的用語なら、その場合、神が存在することはありそうですらないはずだ。なぜなら、「神が存在する」と語ることは、真でも偽でもありえない形而上学的発言を行なうことだからである。(p. 152)

エアーの主張は明快です。神が超越的な存在であれば、それについて語られた「神は存在する」という言明は、経験的に検証することのできない形而上学的なものであって、真偽を問いうるものではなく、「無意味」だということです。続けて彼はこんなことも言っています。

神が存在するという断言が無意味（nonsensical）なら、その場合、神が存在しないという無神論者の断言も同じように無意味である。なぜなら、有意味な仕方で反論されうるのは、有意味な命題だけだからである。他方、不可知論者に関して言えば、その者は神が存在すると言うことも、存在しないと言うことも差し控えるが、超越的な神が存在するかどうかという問いが真正の問いであることを否定しない。不可知論者は、「超越的な神が存在する」という文、および「超越的な神は存在しない」という文、これら二つの文が命題を表現していて、どちらか一方が実際に真であり、他方が偽であることを否定しない。彼はただ、どちらが真であるかを語りうる手段をわれわれはもっていないので、それゆえどちらか一方の立場に立つべきではない、と語っているだけだ。しかしわれわれは、問題の文が命題を表現するものではないことを見てきた。（p. 153）

要するに、神の存在を肯定する人も、否定する人も、あるいは神が存在するかどうか、人間には知りえないとする人も、「神」が形而上学的用語であるかぎり、有意味な命題を語っていないということです。もちろん、こうしたエアーの見方は、宗教的な経験や感情を否定しようとするものではありません。人によっては、神の声が聞こえるとか、神を見ているといった経験はありうるでしょうが、問題は「神を見ていると言っているその人が、宗教的な感情を経験していると言うだけでなく、さらにこの感情の対象である超越的な存在者が存在するとまで言っている」ことなのです（pp. 157-158）。

さて、これまで倫理的な主張や形而上学的な主張について見てきましたが、同じことはさらに美的な判断についても言えるとエアーは考えます。私たちはあるものを「美しい」とか、「醜い」とか判断します。しかし、彼はこう言います。

「美しい」や「醜い」といった美的用語は、倫理的用語とまさに同じように用いられ、事実の言明を行なうためではなく、単に、ある感情を表現したり、ある反応を呼び起こしたりするために用いられる。したがって、倫理の場合と同様、美的判断に客観的妥当性を帰することに何ら意味はなく、また美学において価値の問題を論じる可能性もなく、ただ事実の問題について論じる可能性があるだけだ。(p. 150)

たとえば、私たちは夕暮れを見て、美しいと感じることがあります。世界の事実としては、日が沈む、という現象があるだけです。美しいというのは、それを見ているだれかが「美しい」と感じているのであって、「美しい」とも何とも感じない人もいるかもしれません。あるいは、よれよれの服を見苦しいと感じる人もいれば、他方、それをしゃれたものと感じる人もいるでしょう。「美しい」や「醜い」などといった判断というのは、世界の事実にかかわるものではなく、むしろそうした判断をする人たちの心の問題であって、心理学や社会学の対象だとエアーは考えます。このことは、これまで述べてきた倫理的な判断や形而上学的な判断についても言えるかもしれません。ある時代の人たちは、死刑制度をよいと思っていたけれども、時代が進むにつれて、悪いと思う人たちがだんだん増えてきたとか、またある地域の人たちはこんな神を信じているけれども、別の地域の人たちはそのような神を信じていないとか、こうしたことは言えるように思います。エアーが正しいなら、倫理学や形而上学の問題、さらには美学的な問題というのは哲学が扱うものではなく、むしろ心理学や社会学の調査対象になるのかもしれません。しかしもしそうなら、いったい哲学は何をするのでしょうか。

4 哲学の役割

デカルトの〈哲学の木〉に残っていたと思われる形而上学や倫理学は、エアーによって批判にさらされました。それらが哲学の部分ではないとすると、もはや〈哲学の木〉全体は消えてなくなりそうです。古代以来、いろいろな形で受け継がれてきた哲学は二〇世紀になって、もはやその役割を終えたのでしょうか。エアー自身は、しかし、そのようには考えないのです。哲学の役割に関する彼の考えは『言語・真理・論理』第二章の「哲学の機能」で述べられていますので、それを簡単に見ておきたいと思います。

まず、形而上学についてです。形而上学は伝統的に、第一原理を想定します。たとえば、古代のアリストテレスはこの世界全体を動かし、成り立たせている第一原理（究極的な根拠）として神のような「不動の動者」を想定していました。他方、近世のデカルトはあらゆる存在を疑っても疑うことのできない、「われ思う、ゆえにわれあり」という原理を絶対確実な真理と見て、これを哲学の第一原理としていました。このように、「なぜ」という疑問をたどって行って、最終的な原因に到達しようとするアリストテレスの考え方と、感覚で捉えられるものや、論理によって把握されるものなど、その一つ一つを疑っていって疑いえないものに到達しようとするデカルトの考え方は異なっていますが、ともに第一原理を土台にして他のすべてを説明しようとする点では同じです。アリストテレスの「不動の動者」はこの自然世界をこえたような存在であり、エアーの表現を使えば、「形而上学的用語」です。エアーにとっては、この観点からアリストテレスの「第一原理」を批判するのは容易でしょう（前節参照）。しかし、デカルトの場合はどうでしょうか。

エアーは、デカルトの「われ思う、ゆえにわれあり」という原理については、これを偽であると見なします。いろいろな議論をしていますが、その中心的な理由は、「われあり（sum）」は「われ思う（cogito）」からは出てこないというものです。その推論が誤っているというわけです。「われ思う」というのは、ここでは「私は考える」（I think）という意味ではなく、むしろ単に「今、思考がある」（there is a thought now）という意味に理解されるべきだとエアーは主張します（p. 63）。つまり、「考えている」という事態だけがあるのです。すると、「今、思考がある」ということからは、「私は存在する」（I exist）は出てこないことになります。エアーのこのようなデカルト批判は、他の哲学者たちによってもしばしばなされてきました（たとえば、ニーチェ『善悪の彼岸』第一章一七節参照）。しかしこうした批判は正しいのでしょうか。そして、デカルトは誤っているのでしょうか。

エアーの主張にも疑問が浮かびます。たとえば、「今、思考がある」とすれば、その場合の「思考」はどこにあるのでしょうか。その場所は、「今、ここに」、つまり「今、私に」のほかには考えられないのではないでしょうか。そうすると、「今、私に思考がある」のだとすれば、そこから「私は存在する」ということも言えそうな気がします。ほかにもいろいろなことが考えられるかもしれません。こういった点を追求することはデカルト解釈の問題になってきますので、ここではこれ以上立ち入りません。しかし、むしろ問題は、仮にデカルトが正しくて、「私」が存在するとするなら、その「私」の存在の根拠をさらに問うことができるということです。つまり、なぜ私は存在するのか、と。そうすると、私たちはふたたびこの世界の存在理由のようなものを問わざるをえなくなり、アリストテレスのような探求の方向に舞い戻ることになります。

「形而上学に耽らずに、『第一原理』から私たちのすべての知識を導き出したいと望むような者に開かれている他の唯一の道は、ひと組のア・プリオリな真理を前提にすることだろう」とエアーは言います（p. 63）。この方向は論理の世界、トートロジーの世界を構築することです。しかしながら、エアーがつけ加えるように、「トートロジーの体系を、宇宙に関する全真理を構成するものとして提出するのは、ばかげている」でしょう(同所)。この宇宙は私たちの経験する世界であって、単に思考上の論理の世界ではないからです。

それでは、形而上学でない哲学の役割とはどういったものになるのでしょうか。エアーは次のように言います。

> 哲学者がわれわれの知識の蓄積に特別の貢献をするという主張を擁護しようとするなら、思弁的真理を定式化しようとしたり、第一原理を探し求めたり、われわれの経験的信念の妥当性についてア・プリオリな判断を下したりしようとしてはならない、というのは今や十分に明らかなはずだ。哲学者は、実際、われわれがまもなく述べようとする種類の明確化と分析の仕事にみずからを限定すべきだ。(pp. 68-69)

ここでエアーが言っている、「まもなく述べようとする種類の明確化と分析」というのは、事実の明確化や分析ではなくて(それは個々の学問の仕事です)、言葉、あるいは定義の明確化や分析のことです。哲学は世界の事実を探求するのではなく、あるいは検証不可能な形而上学的な思弁を展開するのでもなく、私たちの言語の用法を分析し明確にすることだとエアーは考えます。彼によれば、「偉大な哲学者だったと普通考えられている人たちの大多数は第一義的には形而上学者ではなく、分析家(analyst)だった」のであり、また、あの『人間知性論』を書いたロックも、「哲学者としての自分の仕事というのは、経験的な命題の妥当性を肯定したり否定したりすることではなく、ただそうした命題を分析することであったことを見ていたように思われる」と言って、エアーはロックを讃えています（p. 70）。

他方、倫理学についてはどうでしょう。エアーは、はっきりとこう言っています。「倫理学に関する厳密に哲学的な論考というのは、倫理的な断言をなすべきではないのである。しかしその論考は倫理的な用語の分析を与えることによって、そうした倫理的な断言のすべてが属しているようなカテゴリーが何であるのかを示すべきである」（p. 137）と。つまり、倫理学についても哲学は、もっぱら「倫理的な用語の分析」に集中し、その特質を明らかにすべきだということです。そのうえで彼は、前節で述べたような倫理学の批判を展開しているのです。

結局、エアーによれば、哲学の役割とは言葉や命題の分析であり、哲学者とはその意味での分析家なのです。哲学は世界に関する考察を個々の学問にゆだね、倫理学や形而上学のことも心理学や社会学にゆだね、自分の仕事とするところは、言葉の分析と明確化だということです。先に挙げたマギーの『哲学を語る』のインタヴューのなかで、エアーは彼の先生であったギルバート・ライルの興味深い表現に言及しています。エアーはこう言います、「哲学は二次的な研究と見られるようになりました。もろもろの一次的な研究は世界について語っていました。ところが、この二次的な研究はと言えば、世界についての一次的な研究の語りについて語っていたのです。そこで——ギルバート・ライルの表現を使えば――哲学というのは、『語りについての語り』(talk about talk) と見られるようになったのです」と。世界について語るのは個々の学問です。哲学は、個々の学問が語っていることについて語る、ということです。つまり、言葉の言葉だと。こうした考え方を私たちはどう受けとめるべきでしょうか。

5 ふり返って

エアーが『言語・真理・論理』(一九三六年) を書いて、イギリスに論理実証主義を導入したのは、第二次大戦の前です。彼の本を出版したのは、ロンドン生まれのドイツ・ポーランド系のユダヤ人であり、博愛主義者としても著名な出版業者ゴランツ (Victor Gollancz, 一八九三―一九六七) だったのですが、彼はエアーの本が人の読みたがる本とは信じられず、最初、五〇〇部しか刷らなかったそうです。しかも五〇〇人でさえ読まないだろうと思っていた、ということです。これは先に挙げたマギーの『哲学を語る』のなかで、エアーがインタヴューに答えて言っていることです。また、エアーによれば、『言語・真理・論理』は戦前に四版まで出されたものの、およそ二〇〇〇部しか売れず、戦後、それが増刷されてはじめて大きな成功を収めたそうですが、その本は戦前の初版のときにすでに、若い世代の人々に感銘を与え、彼らはその本を解放と見たということです。こうしたことは、第二次大戦前後のことであり、今から七〇年ほど前の話です。その後、エアーは自分の見解についてどのように考えていたのでしょうか。

インタヴューがBBCのテレビで放映されたのは一九七八年ですが、インタヴューそのものは前年の七七年までに終了していました。いずれにせよ、一九七〇年代後半のことです。さまざまな政治的党派からもあまりにも「聖像破壊的」(iconoclastic)と見られた論理実証主義について、インタヴューのマギーは、エアーにこんな質問をしています。「しかしその主義は現実的な欠点をもっていたにちがいありません。ふり返って、今あなたはその主要な欠点は何だったとお考えですか?」

これに対してエアーは答えます、「欠点のうち最も重要なものは、その主義のほとんどすべてが間違っていたことだったと思います」と。「ほとんどすべてが間違っていた」という、この衝撃的な返答に、マギーは「もう少し話してください」と促し、エアーはこう応じています。「ええ、たぶん私はその主義についてあまりに厳しすぎるのでしょう。私は精神において(in spirit)その主義は誤っていなかった——その態度は正しかった——と今でも言いたいのです。けれども、もし人がそれを詳しく見るならば……」と述べて、検証原理がけっして適切に定式化されないことや、論理学と数学における言明が分析的であるかどうか、非常に疑わしく見えることなどについて語っています。そして、エアーはこうつけ加えています、「私の倫理学説は、あまりに簡略過ぎたのですが、正しい方向に沿っていたとは思います。とはいえ、その主義の詳細に立ち入れば、ほとんど何も残りません。残るのは、アプローチの一般的な正しさだけです」と。

このような感想は謙遜のように映ります。「ほとんどすべてが間違っていた」のなら、デカルトの〈哲学の木〉の倫理学と形而上学は依然として残る可能性があります。しかし、もしエアーの議論が正しければ、倫理学と形而上学は哲学の役割ではありません。それらは心理学や社会学に移ってゆくことになります。つまり、デカルトの〈哲学の木〉は、その全体が崩れることになり、哲学はすべて終わってしまうということです。哲学は他のさまざまな学問に解消していくわけです。いったい、どちらなのでしょう。エアーの言うように、哲学そのものの役割というのは、言葉や命題の分析になるのでしょうか。それとも、哲学独自の役割として、ほかに何か考えられるのでしょうか。これが現在、私たちが哲学に関して立っている位置です。この現状をあらためて考える必要があるように思います。

第七話　これからの哲学

——読むこと、対話すること、生きること

1 哲学の仕事

これまで、デカルトの〈哲学の木〉のイメージを中心に、哲学の役割について考えてきました。そしてもっぱら近代科学の発展により、哲学のさまざまな仕事は個々の学問にゆだねられ、その役割は現在ほとんどないように見えます。〈哲学の木〉のイメージはさかのぼれば、古代ギリシアのアリストテレスに到ります。もしデカルトやアリストテレスが現在生きていたなら、哲学はその役割をすべて終えたのだと考えるでしょうか。あるいは、アリストテレス以前のプラトンやソクラテスは、哲学はもう終わったと考えるでしょうか。そして、せいぜい哲学というのは、世界に関する「語りについての語り」と考えるのでしょうか。おそらく彼らのだれも、けっしてそのようには考えないでしょう。特にソクラテスなら、「勘違いしてはいけないね」などと言うかもしれません。彼によれば、私たちは自分の足元どころか、自分のことすらよくわかっていないのですから。

エアーは実は、先のインタヴューでたいへん重要なことを述べています。それを少し紹介します。哲学の仕事というのは、エアーの観点に立てば、命題における用語の意味を明確にしながら、用語相互の関係を分析し続けることになっていくはずです。このような見方に対して、インタヴュアーのマギーは当然の疑問を述べます。彼はエアーに問いかけます。「哲学はまもなく文と語にかかわるものであるかのように見え始めます。実際、多くの哲学者でない人たちが、哲学者というのはただ言語だけに関心があるのだとする見方をすでに身につけている、というのは真実でしょう。しばしばけなすようにして、こう言われます――哲学者たちは言葉遊びをしているのだと。あなたは哲学に対するそういった偏見が見当違いである理由を説明できますか」。「言葉遊び」というのは痛烈な批判です。

エアーの応答はこうです。「多くの哲学は、その哲学が異なるさまざまなタイプの発話を区別し、もろもろのタイプの表現を分析するかぎりは、たしかに言語にかかわっています。私はこれについては何も弁解しないでしょう。しかしそのこと以上に、私の思うところをお答えするなら、それは、『言語にかかわる』ということと、『世界にかかわる』ということとの区別は、それほど鋭いものではないということなのです。なぜなら、世界というのは、われわれが記述するような世界であって、われわれの概念体系に登場するような世界だからです。われわれの概念体系を探求する場合、あなたは同時に世界を探求しているのです」。

要するに、言語と世界は切り離せないということです。世界とは言語によって記述され、捉えられた世界であって、言語と世界とを何か別物のように考えることはできないということです。とすれば、「語りについての語り」というのは、必ずしも「言葉遊び」のようなものではなく、「語られた世界についての語り」であって、この意味で、世界の探求にかかわっていると言えます。「ほとんどすべてが間違っていた」という先のエアーの発言はおそらく誇張でしょう。私は、言語と世界の関係について、エアーの言っていることは間違っていないように思います。これはたいへん重要な考え方です。哲学の仕事とは、この観点に立てば、言語による世界の探求にほかなりません。「言葉遊び」ではないはずです。

2 何を探求するのか

それでは、その探求はどのような探求なのでしょうか。エアーはインタヴューでは因果律の問題に触れていますが、ここではこれまで述べてきたこととの関連で、もっと一般的に考えてみたいと思います。近代科学の発展には目覚ましいものがあります。その科学は技術と結びついて、これまで数々の成果を生み出してきました。飛行機や電車、自動車、ラジオ、テレビ、コンピューター、スマートフォンなど、また医学の進歩も日進月歩です。だれもこうした成果を疑わないでしょう。これらは、まさにデカルトの〈哲学の木〉の幹と枝の成果です。もちろん、いいことばかりではありません。負の側面もあります。戦争のための近代兵器や、原子力発電の過酷事故などです。しかしこうした問題は、科学技術そのものの問題というよりも、むしろそれにかかわる人間の倫理の問題と考えられます。他方、科学は科学として、これからも進歩し続けてゆくように見えます。

しかしながら、科学技術の生み出すものとは、いったいどのような性格のものでしょうか。医学のもたらす健康を別とすれば、それらはほとんどすべて人間の手足や感覚の延長のように見えます。飛行機や電車は、飛んだり走ったりする道具であり、手足の延長です。自動車も速く走る道具であり、同じく足の延長です。ラジオやテレビは耳や目の延長です。スマートフォンもそうです。計算をするコンピューターは脳の代わりをするものであって、手足の延長などとは違うと言われるかもしれませんが、実は、同じようなものです。計算をしても、その結果は飛行機や自動車やスマートフォン、あるいはロボットなどの機械に利用されるものだからです。とはいえ、将棋や囲碁をするコンピューターや、作曲をするコンピューター、あるいは本を書くようなコンピューターも現われるかもしれません。いや、実際に、現われてきているでしょう。しかしそうしたコンピューターであっても、私たちが生きるということの代わりをすることはできません。要するに、科学技術の成果は一般的に人間の生活に貢献するものと考えられるのですが、私たちの人生を生きることはできないのです。また、医学のもたらす健康も私たちの人生の基礎となるものではあっても、人生そのものではありません。私たちは科学技術の成果を用いて生きているのです。さて、どのように生きるべきなのでしょうか。

人間はさまざまな意味で有限な存在です。いろいろなものがそろっていても、愛する人がだれもいないということもあるかもしれません。あるいは、愛する人がいても、やがて別れの時が訪れます。人間はいやおうなく死すべき存在だからです。たとえどれほど科学技術が発展しようとも、人間は死と向き合い、何らかの仕方で生の意味を問わざるをえません。しかしひょっとして、医学の進歩によって不死というのはありうるかもしれません。不死の人間というのも出現するかもしれません。とはいえ、たとえそうであっても、その場合でも不死の人間なりに生き方が問題になるでしょう。あるいは、私たちは自分の生まれや運命、さらには神の存在といった形而上学的問題についても考えざるをえないかもしれません。こうした問題は、神でない人間の有限性に根ざしたものであり、容易に解消されないのです。

しかしながら、このようなことは必ずしも現代に特有のことではありません。古代末期の哲学者アウグスティヌスは、あの『告白』のなかで次のようなことを述べています。

私は哲学者たちの多くの著作を読み、記憶にたくわえていましたので、それらのうちのあるものをマニ教徒たちの長たらしい作り話と比較してみて、どうも哲学者たちの言っていることのほうがほんとうらしいと思いました。もっとも彼ら哲学者は、宇宙をあれこれせんさくすることはできても、その宇宙の主はけっして発見できない人たちだったのです。

なぜならば主よ、あなたは偉大であって、……ただ心の砕かれた者だけに近づきたもうからです。あなたは傲慢な者によっては見いだされず、たとえ好奇心にもとづく熟練によって星や砂の数を数え、星の世界をはかり、星辰の軌道を跡づけても、彼らはあなたを見いだすことができないのです。

じっさい、彼らがこういうことがらを探究するのは、精神と才能とによるのですが、それを彼らに与えたもうたのはあなたです。彼らはそれによって多くのことを発見し、おこるより何年も前に、日や月の食が、何日、何時、何割おこるかを予告しました。しかもその計算はあやまたず、予告したとおりにおこりました。……

そこで人々は、こういうことがらに驚嘆し、わけを知らない人々はただあきれ、わけを知る者は得意になってたかぶり、不敬虔な傲慢によって、あなたの光から離れ光を失うので、太陽の食のおこることはそんなに前から予見しながら、現にいまおこっている自分自身の光の喪失は、見ることができません。（『告白』第五巻第三章三―四節、山田晶訳）

アウグスティヌスはキリスト者ですから、神を念頭に置いてこの文章を書いています。しかも「あなた」と呼ばれている「主《しゅ》」は、単に「神」ではなくて、光源であり灯であって、傲慢による「自分自身の光の喪失」を彼は重大なものと考えています。「あなたの光（lumen）」とは、言い換えれば、生きる意味の源泉です。アウグスティヌスは形而上学的な事柄を語ると同時に、自分の生き方にかかわる倫理的な事柄を語っているのです。この場合、彼は単に自分の感情を表現しているだけでしょうか。神への信仰をもたない人にとっては、アウグスティヌスの主張は空虚に響くかもしれません。もしそうなら、アウグスティヌスの主張は客観性をもたないものになるのでしょうか。

一方で、アウグスティヌスに共感する人たちがいるはずです。他方で、そうでない人たちがいるはずです。しかし、こうした感じ方の違いはしばしばあっても、重要ではないように思われます。アウグスティヌスに共感するにせよしないにせよ、重要なことは、彼が、「哲学者たち」の「自分自身の光の喪失」に言及していることです。つまり、「哲学者たち」がすぐれた自然学の知識をもちながら、「あなたの光」を見失っている事態を指摘していることです。もちろん、この指摘が正当なものかどうか、あるいは、「あなたの光」が何を意味するのか、こうしたことについて私たちはさらに考える必要があります。アウグスティヌスが言っているからといって、その指摘が正しいとはかぎりません。大いに議論の余地があります。むしろここで大事なのは、アウグスティヌスが「哲学者」たちに見えにくくなっている問題、自然学をこえるような問題をあらわにしていることなのです。

私たちはソクラテスに立ち返る必要があるようです。私たちはさまざまなことを知っています。ソクラテスも手に技術をもつ人たちの身につけていたさまざまな知識を、立派な知識として認めていました。たとえば、彼は靴職人の知識を疑わないでしょう。けれども、こうした知識が技術者に最も大事なことまで知っていると思い違いさせていると考えていました（『弁明』22D）。大事なことを知らないという場面、無知の場面を明確にすることが、ソクラテスによれば、哲学活動の本質的な部分です。もちろん、最も大事なことが何であるかについては議論の余地があります。これはアウグスティヌスの場合と同様です。ソクラテスが、それは徳の問題だと言っているからといって、徳が最も重要な問題だ、ということにはなりません。肝心なことは、技術者たちが気づいていないと思われることをソクラテスが指摘している点です。

アウグスティヌスやソクラテスの視点は貴重です。どのように個々の学問が発達しようと、そうした知識の背後に隠された問題をあらわにすることが、哲学の重要な課題なのです。そのような問題は人生の問題ばかりではないでしょう。デカルトの〈哲学の木〉の全体のあちこちに潜んでいるはずです。たとえば、私たちがものごとを知ろうとする場合、知っている、と言えるのはどのような状態なのか、これを私たちは問題にすることができます。それはものごとを感覚しているということなのか、覚えているということなのか、説明できるということなのか、いろいろと考えることができます。あるいは、自然学の扱う自然について、自然とは何かを私たちは問うことができます。あるいは、医学の扱う病について、病とは何かを問うことができます。あるいは機械学が扱う機械について、機械とは何かを問うことができます。つまり、さまざまな学問の前提になっているような事柄を私たちは問うことができます。その場合に重要なのは、解決よりもむしろ、そうした問いの起こし方や考察が、私たちの視界を開いてくれるようなものであるということです。

3　哲学の方法──読むこと、対話すること

ソクラテスに立ち返って、哲学の第一の仕事とは、私たちに見えにくくなっている問題をあらわにすることだと考えてきました。そうした問題はデカルトの〈哲学の木〉に潜んでいるだけでなく、私たちの日常生活にも潜んでいるはずです。それらは個々の学問が問わずにいるものであり、個々の学問と日常生活との境界に位置しているような問題とも言えます。生活と結びつきながらも問われない問題です。それらは、〈哲学の木〉の観点からすれば、主として倫理学と形而上学のかかわる問題と考えることもできます。倫理学は人間の生き方にかかわり、形而上学はあらゆる学問の、あるいは私たちの日常生活の深層にかかわるものだからです。どちらも「物質世界」の話ではありません。どちらも〈哲学の木〉の全体にかかわっています。私たちはこの世界を理解し、よりよい生き方を望み、人生を意味のあるものにしようと考えます。その場合、どのように考えればよいのでしょうか。哲学的な問題を考察する方法としてどのようなものがあるのでしょうか。

近代科学が成果を収めてきたのは、その原理や主張の客観的な正しさが認められてきたからです。水は H_2O である、というのはだれもが納得している主張です。実験によって確かめられるからです。2＋2＝4であるというのもそうです。2や4の意味、＋や＝という記号の意味を知っている人なら

だれでも正しいと認める計算です。ところが、倫理的な主張や形而上学的な主張については、このようなことは言えそうにありません。そうした主張は話し手の個人的な感情表現にほかならない、とエアーは論じていました。これは鋭い見解ですが、議論の余地があります。同時にエアーは、哲学の役割として命題の分析や明確化を挙げていました。世界のものごとについて明確に語ること、これが哲学の仕事だと。この点は誤っていません。哲学の中心的な手段は、物理的な実験や数学ではありません。その道具は、エアーが見ているように、言語です。言葉によって考えながら、哲学的な探求はなされるのです。しかし、その言葉は単なる言葉ではありません。世界と人生のあり方を捉え、それらを理解しうるような言葉です。そういった言葉を私たちは求めています。どのようにすれば、手に入れることができるのでしょうか。

その方法について少し考えてみます。それは、何か特別な方法やこつのようなものではありません。そのようなものがあれば便利かもしれませんが、あいにく私は知りません。ここでは基本的なことだけを考えみます。まず、言葉には大きく分けて二種類あります。話し言葉と書き言葉です。どちらの種類の言葉も、言葉である限り、哲学にとっては重要でしょう。ソクラテスは街に出て、だれとでも対話していました。部屋で本を読むソクラテスの姿など想像できないと思われるかもしれません。しかしソクラテスは、ソフィストのアンティポンに対してこんなことを言っています。

……往古の知恵ある人たちが残した宝庫、つまり彼らが書物のかたちで書いて残したものを、友人たちといっしょに開いてつぶさにたどり、もし何かすぐれたところを見つければそれを書き出すこともしている。こうしてお互いに役に立つことになれば、大きな利益だと見なしているのだよ。（クセノポン『ソクラテス言行録』第一巻第六章一四節、内山勝利訳）

また、ストア派の哲学者エピクテトス（五五頃―一三六頃）が、対話相手と次のようなやりとりをしている場面が報告されています。

「しかし私は、あなたに朗読しませんでしたか、またあなたは、私が何をしているか、ご存じなかったんですか」

何をしているのか。

「ちょっとした言句の勉強をしています」

君はちょっとした言句の勉強はやめたがいい。そして欲望や忌避にたいして、君はどんなぐあいかを、見せてくれたまえ。つまり、君が欲しているものを得そこねるようなことがないかどうか、また、君の欲しないものに出会うようなことがないかどうかを、見せてくれたまえ。だが、もし君に分別があるならば、それらの回り道（言句の勉強）は取り去って、なくしてしまうだろう。

「何ですって？　ソクラテスは何も書かなかったんですか」

書いたよ、しかもだれがあんなにたくさん書いたか。しかしどうしてかといえば、それは彼が、彼自身の考えを論駁してくれる者、あるいは交替に論駁させる人を、いつも持っていることができなかったからで、そこで彼は、自分自身を論駁したり、吟味したり、一つのあらかじめ持っている観念を、いつも有用に練習したりしたわけなのだ。そうしたことを、哲学者は書いているのだ。だが、ちょっとした言句などは…他の人々に任せているのだ。（エピクテトス『語録』第二巻第一章第三〇節、鹿野治助訳準拠）

ソクラテスは一冊の書物も書きませんでした。このことはほとんど周知の事実のようになっています。しかし、これらの報告を見ると、ソクラテスは本をよく読んでいて、またノートのたぐいを書いていたことがわかります。対話に明け暮れていたソクラテスは、実は、読書家であり、メモ好きだったように見えます。実際、何もないところからは、何も生まれないでしょう。哲学も同じです。ソクラテスは一言でいえば、勉強家だったのです。読むことや書くことを抜きにして、単に話すことだけで哲学はできないと言わなければなりません。

他方、デカルトはあの『哲学原理』の「手紙（序文）」で、私たちが通常もっているすべての知恵は、（1）それ自身で明らかな概念、（2）感覚の経験、（3）他者との会話（conversation）、（4）読書（lecture）、というこれら四つの手段ないし段階によってのみ得られるように思うとしたうえで、第五の段階に言及して、次のように言っています。

ところが、いつの時代にも、知恵に到達するための第五の段階――他の四つの段階とは比較にならぬほど高くて確実な段階――を見いだそうと努力した偉大な人々がおりました。この第五の段階というのは、第一の原因すなわち真なる原理を求め、そこから人の知りうるあらゆることの理由を導き出すことです。そして、このことに骨を折った人々が、特に哲学者（Philosophe）と呼ばれてきたのです。しかしながら、今までのところ私は、この企てに成功した人があったのを知りません。

ここではデカルトは、第一原因を求め、第一原因からあらゆることの理由を導き出す者こそ、つまり第一哲学としての形而上学にたずさわる者こそ、「哲学者」だと考えているように見えます。しかし、その前段階として読書の必要性に注意を促しています。その場合、どの書物でもよいというのではなくて、「われわれによい教えを与えうる人々によって書かれた書物を読むこと」が重要であり、それが重要なのは、デカルトによれば、書物を読むことが「それらの著者とわれわれとの間にかわされる一種の会話であるから」ということです。

哲学が言葉を手段とするかぎり、読書と対話が哲学の中心的な方法であると考えられます。ソクラテスやデカルトはこのことを認めているように思われます。そしてデカルトが言うように、読書も他者との会話、つまり対話の一つのかたちだとすれば、対話こそ哲学の基礎的な方法です。問いかけ、なわれるのです。

聴き取り（読み取り）、応答する、という思考の展開が対話です。このような対話によって哲学は行

　プラトンやアリストテレスは、哲学のきっかけは驚くこと、不思議に思うこと、困惑することにあると考えていました。驚きをきっかけにした哲学は、さまざまな学問へと発展していきました。しかし、そうした学問では解消できない、依然として人を困惑させるような問題があります。たとえば、なぜこのような世界が存在するのか、あるいは、世界の出来事はすべてあらかじめ決定されているのか、あるいは、なぜ私はこのように生まれたのか、意味のある人生とは何か、などといった問題は、個々の学問からはみ出た問題です。ほかにも数々のこうした問題があり、私たちを悩ませ、困惑させるのです。こうした問題を形而上学的な問題と呼んだり、倫理学的な問題と呼んだりすることは、あまり意味のあることではないかもしれません。個々の学問からはみ出た問題があるということが重要だからです。こうした問題に取り組むことこそ哲学の大切な仕事であり、その方法は、書き言葉を通じてであれ、話し言葉を通じてであれ、言葉によって問いかけ、言葉によって答えるという対話であると考えられます。とはいえ、形而上学的な命題や倫理的な命題などについて、エアーはその種の命題は真正の命題ではないとして、真偽を問えない「無意味」なものと主張していました（第六話参照）。しかし、はたしてそうでしょうか。

4　生きること

私たちは日々、生きています。人により、さまざまな生活があるでしょう。しかし、生きるという一点において、私たちはみな同じ道の上を歩いています。そして生きてゆくためには、私たちは何らかの仕方で世界を理解し、社会を理解し、自分の人生を理解しなくてはなりません。その理解の仕方は人それぞれです。しかし私たちはだれもが幸福を望んでいます。幸福は遠くにあるよりも、近くにある方が、あるいはむしろ、生きること自体が幸福であるような生き方が、最もよい生き方ではないでしょうか。もしそうだとすれば、人生の目的は、そのような生き方そのものです。これが私たちの望むものであるとすれば、この観点から、つまり、よく生きるという観点から、哲学のあり方も眺められるはずです。そして、「形而上学的な命題」や「倫理的な命題」の真偽もこの観点から捉え直す可能性が考えられます。この点との関連で、第六話で取りあげたエアーの議論をあらためて見てみましょう。

まず、倫理的な言明についてです。エアーによれば、たとえば、「あなたがお金を盗んだのは悪い」と私が言う場合、その言明のなかの「悪い」というのは、世界の事実を述べたものではなく、話し手である私の感情表現ということでした。「悪い」という言葉を発する場合、たしかに私は道徳的な不承認の感情を表現しています。しかし、その不承認は何の原因もなく生じたのでしょうか。そうではないように思われます。なぜかと言えば、「あなたがお金を盗んだ」という事実が、私の内部にそうした感情を引き起こしたと考えられるからです。つまり、感情の原因は、私の心の内側にあるのではなく、むしろ「あなたがお金を盗んだ」という事実そのものの側にあると見られるのです。そうすると、「悪い」という発話は話し手の感情の表明に尽きるのではなく、「盗み」という、世界の特定の事実に認められる一定の性質であると考えられるはずです。またたとえば、「あなたが溺れていた人を助けたのは善い」と私が語る場合、「善い」という表現は、道徳的な承認を意図する私の感情表現であるとしても、その表現の第一の原因は私の心にあるのではなく、むしろ「助ける」という行為そのものにあると考えられます。

要するに、行為の善悪は、話し手の感情表現である以前に、世界の事実に内在する一定の性質と捉えることができるということです。「美しい」とか、「醜い」という美的判断についても同様のことが言えるでしょう。私が夕暮れを見て、美しさを感じるとき、その美しさは私の感情の表現である以前に、その夕暮れに認められる何らかの性質でもあるはずです。第四話でお話ししたプラトンのイデア論もこのような考え方が基礎になっていました。もしこうした考え方が正しいなら、倫理的言明や美的言明について、それらと事象との何らかの対応関係に基づいて、その真偽を問う可能性が出てきます。

他方、形而上学的な言明についてはどうでしょう。だれかが、「神は存在する」と語る場合、エアーによれば、「神」というのは「形而上学的用語」であり、「神は存在する」という言明は真でも偽でもありえず、有意味なものではないということでした。しかし、こうした言明は真偽を問えないものでしょうか。「形而上学的用語」というのは、私たちの経験を超えた事柄を指すものです。経験を超えた事柄は、たしかに経験的には検証できないのかもしれません。しかし、私たちが見たり触れたりするといった、私たちの感覚経験全体の原因や根拠を考えることはできます。

たとえば、エアーの言及していた「自然の規則性」について言えば、「神」というのは、単にその「規則性」の別名ではなく、まさにその「規則性」の原因として想定されうるということです。もちろん、このような「神」の存在を経験的に検証することは、エアーの主張するように、できないかもしれません。しかし検証の目的は命題の真偽を明確にすることです。そして真偽の明確化の目的というのは、私たちの世界理解を推し進める点にあります。よりよい世界理解を私たちは求めているのです。そのことによって、私たちはよりよく生きる手がかりを得ることができるからです。よりよい世界理解が目指されるとき、その理解は感覚経験による検証だけでは十分ではありません。

プラトンの『パイドン』で、ソクラテスはなぜ人間が成長するのか、わからなくなったと言っていました。飲食による成長の過程は感覚経験によって確かめることができます。しかしこの自然世界において、そもそも人間がなぜ成長するのか、といったことの真の原因は感覚経験をこえたところにあると考えられます。それは検証できないかもしれません。しかし、そうした原因を想定することによって、人間の成長をうまく説明できるならば、その原因は原因としての資格をもちうる可能性が出てきます。つまり、このような場合に必要なのは、超越的な原因の検証よりもむしろ事象の説明なのです。もしそうだとすれば、「神」という「形而上学的用語」についても、世界の説明原理として有効かどうかを、たとえば神の属性と考えられるものなどを検討しながら、私たちは吟味することができるはずです。それゆえ、「形而上学的命題」も検証できないからといって、単に「無意味」なものとして斥けることはできないでしょう。

　しかしながら、倫理的言明や、美的判断、あるいは形而上学的主張について、だれもが納得しうるような、そうした正しさが容易に得られないというのも事実です。あのソクラテスは「善美の事柄」について自分は知らないと思うと言って、無知を表明していました。彼がなしうることは、そうした事柄について他者と対話（問答）することによって、知識へと近づいてゆくことでした。無知から知へ、しかし知に到達することはできない、人間にできるのは知を求める哲学の作業だけである、というのがソクラテスの見方です。彼によれば、知者は神だけです。とすれば、ここで問題なのは、哲学によって知識により接近していることがどのようにして確かめられるのかということです。たとえば、倫理的言明などについて、単にそれの真偽の検証というよりも、むしろそれがどれだけ真実に近いか、その真実性の確認はどのようにしてできるのでしょうか。

ソクラテスの哲学の方法は対話です。私たちもそう考えてきました。その対話を通じて得られる結論が正しいかどうかは、私たちの経験によって確かめるほかないでしょう。ただし、その経験とは、見たり触れたりするといった感覚経験だけではありません。たとえば、「お金を盗んだ」という事実認定も、実は、単なる感覚経験によるものではありません。「お金」や「盗み」は私たちの生活全体と結びついた用語です。「お金」はものを買うためのものです。「盗み」は他人の物を奪い取ることです。こうした文脈において、「お金」や「盗み」という言葉は語られるのです。「善い」や「悪い」も、私たちの生活全体と結びついた用語でしょう。「盗みが悪い」という判断は、私たちが生きようとする人生の視点からなされているはずです。「盗み」の「悪」について私たちは立ち入って検討する必要があります。その作業は重要です。というのも、「盗み」が無条件に「悪い」ということにはならないような場面も、ひょっとして私たちの人生においてありうるかもしれないからです。

いずれにせよ、哲学的な対話から導き出される結論の真実性については、私たちがまさに生きている、という文脈のなかで確認されるはずです。言い換えれば、ある倫理的な言明にどれだけ真実性があるかは、私たちがその言明によって、よく生きることができるかどうかにかかっているはずです。形而上学的な命題や美的な判断についても同じように考えられるでしょう。これらの真実性も、世界を理解しようとする私たちの生き方、美的なものを享受しようとする私たちの生き方、こうした生き方の文脈のなかで確認されるべきものです。その真実性は、単に私たちの感覚経験だけでなく、私たちの人生全体の経験と照らし合わせて確かめられなければなりません。このような意味での検証の原理（確認の根拠）は、私たちが生きているということ、そのことの内にあると言わなくてはなりません。

第八話　哲学とは何か――終わりの始まり

イリソス河畔で対話するソクラテス

1　「始まり」について

この本は哲学に関心をもつ人にも、もたない人にも、哲学がどのようなものなのかを明らかにしようとするものでした。哲学入門のようなものですが、むしろ入門以前のあれこれを述べたものです。初歩の初歩のように見えますが、けっしてそうではありません。なにごとも始めのところが肝心です。古代ギリシアのことわざに「始めは全体の半分」というのがあります。これについてアリストテレスは、「始め」は全体の「半分」どころか、「半分以上」だと言って、「始め」の重要性を説いています（『ニコマコス倫理学』第一巻第七章1098b7参照）。「始め」はその後の事柄に重大な影響をおよぼすからです。

入門以前とは、哲学の原点のところです。しかしこれは、哲学の基礎とか基本といったことではありません。第七話までこの本のなかで少しずつ説明してきましたが、哲学は基礎を学んで、次に応用とか発展に進むような仕方で、知識を積み重ねてゆくものではなかったからです。哲学の原点というのは、哲学とは何かという、その意味にかかわるところです。原点が見失われるなら、つまり哲学の意味が見失われるなら、どのように哲学を学ぼうと、何をしているのかわからず、結局、その学びはいわば砂上の楼閣のようなものになって、徒労に終わりかねません。

現在の日本の中学や高校では、哲学といった科目はないでしょう。哲学は大学で学ぶ科目です。ところが、この科目名が問題だったのです。その学は何を扱うのか、はっきりしないからです。社会学なら社会を、法学なら法を、薬学なら薬を、といったように扱う対象が示されています。また医学なら、治療を意味する「医」によって、工学なら、物作りを意味する「工」によって、農学なら、耕作を意味する「農」によって、何をする学問なのかが示されています。それに対して、「哲」は単に「賢い」を意味するだけです。一応、日本の大学の授業では、過去や現在の哲学、というより、むしろ哲学文献の研究が中心となっています。その研究は文献の読解、解釈であって、「哲学」そのものではないように見えます。

しかし、哲学についていくつかの一般的なイメージはあるように思います。真っ先に来るのは、たぶん人生についてあれこれと論じるものというイメージでしょう。人生論のようなものです。次に来るのは、ソクラテスやカントといった哲学者の名前でしょう。この人たちが何を考え、何を言ったのかを学ぶのが哲学だと。大学での哲学がだいたいこれにあたります。あるいは、「哲学」という言葉は、もっと一般的な意味でも使われます。たとえば、「あの政治家には哲学がない」といった言い回しです。この場合の「哲学」とは「根本的な考え」といったイメージでしょう。つまり、あの政治家は政治について根本的な見方、考え方をもっていない、という意味です。

これらのどのイメージも誤りではありません。実際、「哲学」という言葉はさまざまな意味で使われており、私たちは文脈からだいたいその意味を理解できます。日常の会話ではそれで十分です。問題はその先、というより、むしろその手前です。というのは、さまざまなイメージがあっても、それらがまったく別物なら同じ「哲学」という言葉が使われることはないからです。それらのイメージは「哲学」の何らかの特性から派生してきたものと考えられます。やはりおおもとの源があるはずです。

この本は、「哲学」のその源、つまり、始まりを確認しようとしました。そして、何かのきっかけで哲学をかじってみようと思う人、何かに行きづまって哲学から救いや知見を得たいと思う人、あるいは哲学に関心をもちながらも、哲学とは何かがわからず、哲学にどのように近づけばよいかを知りたい人、こういった人たちを、あるいは哲学などどうでもよいと思うような人たちをも哲学の入口にまで案内しようとしました。そこから先には、さまざまな道があるでしょう。そしてさまざまな種類の哲学や人生があると思います。どのような道を選ぶかは、それぞれの人の哲学への関わり方によります。大学で哲学を専攻しようとする人もいれば、そうでない人もいる。が、ここであえて言いますが、ソクラテスが正しければ、つまり、最も大事なことについては最後まで私たちは無知であるとすれば、哲学には、実は出口がありません。私たちはたえず入口に引き戻され、たたずみ、考え直すだけです。入口が、すなわち原点のところの始まりが、哲学のすべてと言えるかもしれません。はたして哲学とはそのようなものなのか、といった問題も念頭に置きながら、この第八話を最後まで読んで頂けたなら幸いです。

2 「哲学の話」という表題

この本の表題は、「哲学の話」です。「話」としたのは、論文や講義のようなものではなく、これから話すことをとりあえず聞いてください、といった意図からです。これはデカルトの有名な『方法序説』の流儀をまねたものです。『方法序説』の原題はフランス語で、*Discours de la méthode* となっていますが、直訳は「その方法の話」です。『方法序説』のタイトルは、実はもっと長く、正確には、『自分の理性を正しく導き、もろもろの学問において真理を探求するためのその方法の話、加えて、その方法の試みである屈折光学、気象学、および幾何学』となっています。「方法の話」のあとに続く屈折光学、気象学、幾何学の論文がその方法の「試み」であり、デカルト自身、その「話」のことを「その方法に関する序文、あるいは意見と同じもの」と説明しています（「メルセンヌ神父宛て書簡［一六三七年四月二〇日頃］」）。それだけでなく、「その方法」が「あらゆる種類の分野におよぶことを示すために、始めの話のなかに形而上学、自然学、および医学に属するものを差し込んでおいた」とも述べています（同書簡）。つまり、「その方法の話」というのは、あらゆる種類の分野におよぶ基礎的な方法を説明しようとするものであって、文字通り、「もろもろの学問において真理を探求するための」ものであり、もろもろの分野の序論をなすものです。ここから原題の「ディスクール（*Discours*、話、談話、言説)」は、日本では伝統的に「序説」と訳されているのです（落合太郎訳『方法序説』［岩波文庫］解題参照)。

一方、デカルトは当時、学術語であり、学界の共通語であったラテン語を使わず、あえて「方法の話」（『方法序説』）をフランス語で書き、その内容について、自国の、研究者や専門家でない人たち、「生まれつきの理性のみを用いる人たち」、さらには「女性たち」にも、何ごとかを理解できるようにと考えたのです（『方法序説』第六部末尾より二番目の段落、および「ヴァチエ教授宛て書簡［一六三八年二月二二日］」参照)。それゆえ『方法序説』は論文でもなければ、教説でもありません。デカルトは一人称で語り、自伝的に書いています。その中には、説明が簡略すぎて理解しづらいところや、論理的にむずかしい内容もずいぶんたくさん含まれています（第二部や第四部)。

私がまねたのは、論文や教説でないという点だけです。むずかしい話はしなかったつもりです。哲学の研究者でないような方々、少し哲学に興味を持ち始めたとか、どのように哲学を勉強すればよいか迷っているとか、特にそういった方々に聞いてほしいと思う話を、私はこの本に書きました。話の中心は、やはり哲学とは何かという問題ですが、これを考えていく過程で哲学的な問題の性格を浮かび上がらせることを意図しました。この作業はたいへん重要ですので、この本の大部分を占めることになりました。そこで、これまでの話をふり返って、結局、哲学とは何であるのか、またこれから哲学の問題に取り組むにあたって、実際どのように問いかけ、応答すればよいのか、さらには哲学の価値はどこにあるのか、といったことについて最後に少しばかりお話ししたいと思います。

3　哲学とは、哲学の効用とは

この本は、「哲学って何ですか」という疑問から始まりました。お話ししたことは、「哲学」という日本語の由来や、哲学が古代ギリシアでどのようにして生まれ、どのように受け継がれ、どのような役割を果たしてきたのか、などといった歴史的なことばかりで、はなはだ非哲学的な話になってしまいました。このようなお話をしたのも、哲学とは何かを考えるうえで、またこれから哲学を新たに始めるためにも、哲学誕生の歴史をかえりみることは、不可欠だと思われたからです。現在、哲学が何か既製品のように受け取られながら、しかも何をしているのか、わけのわからないようなものと一般的に見られているのが実状ではないかと思います。そこで、哲学の形成と継承の歴史をあらためて確認することによって、そもそも哲学とは何であったのかを明らかにしようと試みました。受け継がれてきた哲学の、最も哲学的な局面を捉えるためです。

プラトンの『メノン』において、ソクラテスは「色とは何であるか」を明らかにしてほしいという若者メノンの求めに応じて、こんなふうに定義します。「色とは、その大きさが視覚に適合して感覚されるところの、形から発出される流出物である」と（『メノン』76D）。とてもむずかしそうな定義です。色というものが、物（の形）から感覚器官（視覚）へと流れ込んでゆく流出物であるという見解は、近代の哲学者ロックの、物質粒子の力によって知覚が生じるとする理論を先取りしているかのような考え方ですが、このものものしい定義にメノンはいたく感動し、たいへん気に入ります。

しかしソクラテスはつけ加えます。「ぼくの信じるところでは、さっきの答えの方がすぐれているのだよ」と（76E）。「さっきの答え」とは、ソクラテスが示していた形の定義のことです。ソクラテスは、「平面」とか「立体」とか「限られている」といった言葉の意味を認めるメノンに対して、「形とは立体の限界である」という定義を示していたのです（76A）。この定義がすぐれているのは、平面や立体のことは知っていても、形について知らない人に、形の意味を明らかにしている点にあります。それに対して色に関する、先のものものしい定義の方は、すでに色を色として認識している人に、色の成り立ちを説明しているのであって、色が何であるかを知らない人には役立たない定義です。ちょうど、水とはH_2Oである、というような定義と同じです。水をすでに知っている私たちにとっては、このような科学的な定義は意味がありますが、かりに水を知らない人がいるなら、その人にとっては依然、水とは何のことかわからないでしょう。

この本において「哲学って何ですか」という疑問に答えようとする場合、歴史的な事実に基づきながら、哲学と哲学でないものを区別しうるような定義を導き出すことを目指しました。今、この疑問に一言で答えれば、哲学とは世界と人生についての、言葉による根源的探求である、ということです。哲学の探求は世界と人生の事象の全体におよびます。その手段は言葉です。哲学は歴史的に「学問」という意味をもちながらも、他方で、個々の「学問」や日常生活で見えにくくなっている根源的な問題を掘り起こし、探求しようとするものです。したがって、本来、哲学とは知識の体系といった意味での「学問」であるよりも、むしろ隠れた問題をあらわにし、それを探求する思考活動なのです。これが今日まで受け継がれてきた哲学の、最も哲学的な部分です。

しかしながら、哲学をこのような仕方で定義することは、哲学の輪郭を示してはいても、私たちにとって哲学のもつ意義を必ずしも明らかにするわけではありません。哲学の意義は、哲学にかかわる人のかかわり方によって、さまざまな仕方で考えられるはずです。たとえば、プラトンが言っていた、哲学とは死の練習である、というのも哲学の特徴的な意義を示す捉え方です。この方面のことは、私たち一人一人が必要に応じて考えるべきものでしょう。

ところで、このような哲学の成果とはいったい何でしょうか。哲学が役に立つのかどうかといった現実的な疑問についても、この本の最初のところで触れました。今、その疑問に答えるとすれば、こうなるのではないでしょうか。哲学の成果とは、世界と人生を見る、私たちの視線を刷新し、人生をよりよきものにするところにあるのだと。視線の刷新というのは、単に視野が広がるということではありません。つまり、見えるものや知識が増えていく、といったことではありません。むしろ、視界が開かれるということです。ものごとの見方が変化して新たになるということです。あるいは、世界と人生の眺めや光景がこれまでとは異なった姿を見せるといったことです。このことを通じて、私たちには、よりよく生きる展望が開かれるはずです。プラトンにしたがって、最後にこの点をもう少し説明したいと思います。

4 「洞窟の比喩」より

プラトンは『国家』第七巻冒頭で、主人公のソクラテスに「洞窟の比喩」という有名な比喩を語らせています。洞窟の中には囚人たちが住んでいます。囚人たちは「子どものときからずっと手足も首も縛られたままでいるので、そこから動くこともできないし、また前のほうばかり見ていることになって、この縛めのために、頭をうしろへめぐらすことはできないのだ」と言われています（514A-B）。この奇妙な囚人たちは、実は、われわれに似ているとソクラテスは言います（515A）。囚人たちの背後には、操り人形のような仕掛けがあり、あらゆる種類の道具や、石や木やその他の材料で作られた、人間や他の動物の像などが、衝立のような低い壁の上を運ばれながら、上方の火の光によってそれらの影が、洞窟の奥底に映し出されます。囚人たちはこのような影しか見ず、影の世界が彼らの世界のすべてです。

「洞窟の比喩」は四段階になっています。洞窟の内で、（1）火の光によって奥底に映し出される影、（2）影のもとになっている、囚人たちの背後にある像、そして洞窟の外で、（3）太陽の光によって、水などに映し出される映像、（4）映像のもとになっている実物。洞窟の内部は感覚で捉えられる世界であり、洞窟の外部は思考によって捉えられる世界です。プラトンの用語を使えば、洞窟の外はイデアの世界です。それはいわば本質の世界です。注意すべきは、囚人たちは洞窟内部の影しか見ていないということです。

囚人たちとは、ほかでもない、私たちのことです。「洞窟の比喩」が正しければ、私たちはものごとの本質（洞窟の外の実物）を見ていないばかりか、本質的なこと、本質に近いこと（洞窟の外の映像）も見ていません。それどころか、私たちは身の回りの事物（洞窟内の像）すら見ていない（感覚経験すらしていない）ということです。私たちが見ているのは、感覚される事物ではなく、そうした事物の影にすぎないということです。机を見ているのではなく、机の影を見ているということです。しかも、「子どものときからずっと」影だけを見ているのです。これは非常に奇妙なことのように思われます。現に、私たちは身の回りの事物を見たり、触れたりしているからです。その影を見ているわけではありません。いったいどういうことでしょうか。

「洞窟の比喩」についてはさまざまな解釈があります。今、そうした解釈を離れて、これまでの話との関連で、ここでは哲学の価値について確認しておきたいと思います。たとえば私たちは、日々、人を見たり人の声を聞いたりしています。私たちは、人の実物を見ており、人の生の声を聞いている、と思っています（信じています）。しかし、「洞窟の比喩」によれば、そうではありません。私たちは、人の影を見ており、人の影の声を聞いているということです。たいへん奇妙なことです。私たちは実際には日々の生活でたしかに人を見ているのですから。しかし、それは人の影を見ているのに等しい、というのが「洞窟の比喩」の告げるところです。その含意は何でしょうか。それは、私たちは人を人として見ていない、あるいは人の声を人の声として聞いていないということではないでしょうか。私たちは毎日この人やあの人を見ていても、そういった人たちを人として見ていない、何か物のように、あるいは、人の姿をしていても人の実質のない影のように、あるいは、人の何か特定の局面のみを見ているのかもしれません。

私たちの日常がこのような状態であるかどうかは大いに議論の余地がありますが、哲学というものが私たちに見えにくくなっている問題をあらわにする作業だとすれば、私たちの現状というのは、「洞窟の比喩」の囚人たちに、実際きわめてよく似ていると言えます。囚人たちが縛めのために前方しか見ることができないように、私たちの視界も、感覚的な印象や個人的な好み、利害関係、世間の流行、マスメディア、あるいは自分が育てられてきた環境や受けてきた教育などによって、さまざまな仕方で縛られ、閉ざされていると考えられるからです。

このような場合、ものごとを見る視界を単に広げてゆくというのでは、私たちの状態は改善されません。それは洞窟の奥底に映し出される影をより多く見ること、少しばかり物知りになったり、少しばかり物分かりがよくなったりするようなものだからです。それだけではありません。囚人たちは影を見る生活に、それなりにすっかり満足しています。縛めを解かれるのをいやがるのです（515C）。彼らには自分が変わるという可能性がほとんどないように見えます。必要なのは、影を見ている視線を像の方へと向け変えることだと、「洞窟の比喩」は告げています。この向け変えを行なうのが哲学であり、教育であるとプラトンは考えるのです。何かを、これまで見失われていた何かを、私たちに問いかけ、気づかせてくれる哲学によって、私たちの視線は影から実物の方へと、プラトンの言葉を使えば、より実在性のあるものの方へと転換され、新たにされるはずです。

それは、たとえば、「人間とは何であるか」という問いを、何らかの本質的な文脈において、つまりそうした問いを問わざるをえないような文脈において発し、応答する、といったことです。人の影ではなく、実像を見ようとすれば、人間が人間であるのはいったい何によるのか、こうしたことをあらためて考える必要があります。このことによって、人間の見え方、捉え方も変わり、私たちの生き方も変わってくるはずです。哲学の最大の効用はこの点にあると考えられます。視線の刷新によって視界が開かれ、私たちの生き方もまた、刷新されるはずだからです。

5　二つの「始まり」

日々の生活の中で、私たちはしばしば自分を見失うことがあります。しばしばどころか、いつも見失っているかもしれません。まるで夢のなかで生きているかのような状態かもしれません。このような状態から脱け出させてくれるのが哲学だと、ソクラテスは考えていました。しかし、哲学の議論はいつ果てるともなく、延々と続くかのようで、私たちはまるで回転木馬に乗っているかのようです。いつも夢のなかにいるかのようです。この本では、歴史的に哲学がどのように始まったのか（はじめの始まり）、また、これから哲学を始める場合の「始まり」（終わりの始まり）についてお話ししてきました。哲学の歴史的な「始まり」を見ることによって、哲学の姿を浮かび上がらせ、これからの哲学の手がかりを得たいというのが、この本のねらいでした。したがって「始まり」には、これまでの「哲学の始まり」と、これからの「哲学の始まり」という二つの意味があります。両方の「始まり」を見きわめることによって、いわば回転木馬のような議論に、夢のなかの堂々めぐりのような議論に、どのような価値があるのかも知られてくるはずです。

古代ギリシアに「哲学の始まり」があり、古代ギリシアの人たちが「哲学」という探求的な営みをつくり出してゆき、後世に受け継がれました。それは二一世紀に生きる私たちにとって、もはや過去のものなのか、それともなくてはならぬものなのか、その判断はもちろん、私たち自身にゆだねられています。めずらしく人里を離れ、アテナイ近郊のイリソス河畔で対話するソクラテス（『パイドロス』230D）、時を超えて、彼は今、私たちに何を語りかけるでしょうか……。

引用文献について

この本では哲学のさまざまな文献に言及したり、必要箇所を引用したりしました。私が参照した専門的な研究論文や研究書のたぐいは省き、以下に、引用した文献のみを示します。リストは網羅的なものではなく、ギリシア・ローマの文献で日本語訳のないもの、あるいは少し引用や言及しただけのもの（それらはすべて私自身が訳しています）などは、煩雑を避けるため必ずしも含まれていません。また、西洋の文献の使用にあたっては、引用の都合上、あるいは論述の都合上、日本語訳が適宜改変されているところがあります。

なお、引用文中、特定の文言に注意を促すためにつけた傍点は、すべて私によるものです。

西洋の文献

アウグスティヌス『告白』（山田晶訳、一九六八年、『世界の名著』一四）
――『神の国』（服部英次郎訳、岩波文庫、一九八三年）

アリストテレス『形而上学』第一巻（藤沢令夫訳、一九七二年、『世界の名著』九）

＊『形而上学』のその他の巻からの引用は、出隆訳（岩波版『旧アリストテレス全集』十二所収）を使用しました。岩波版『新アリストテレス全集』一四に『形而上学』の新たな訳（中畑正志訳）が予定されています。

――『魂について』（中畑正志訳、京都大学学術出版会、二〇〇一年）

――『ニコマコス倫理学』（朴一功訳、京都大学学術出版会、二〇〇二年）

――『分析論後書』（高橋久一郎訳、二〇一四年、岩波版『新アリストテレス全集』二所収）

ウィトゲンシュタイン『青色本』（大森荘蔵訳、二〇一〇年、ちくま学芸文庫）

エピクテトス『語録』（鹿野治助訳、中公クラシックス、二〇一七年）

ディオゲネス・ラエルティオス『ギリシア哲学者列伝』（加来彰俊訳、岩波文庫、一九九四年）

ディールス／クランツ『ソクテテス以前哲学者断片集』全五冊（岩波書店、一九九六―九八年）

デカルト『方法序説』（落合太郎訳、岩波文庫、一九六七年改版）

＊岩波文庫の『方法序説』は、谷川多佳子訳（一九九七年）に取って代わられており、推奨できます。

――『哲学原理』（井上庄七、水野和久訳『哲学の原理』、一九六七年、『世界の名著』二二）

＊デカルトの書簡については、『デカルト全書簡集』第一巻（1619-1637）、知泉書館、二〇一二

年、山田弘明ほか訳、同第二巻（1637-1638）、二〇一四年、武田裕紀ほか訳を参照しました。
ニーダム『人類学随想』（江河徹訳、一九八六年、岩波現代選書）
ニュートン『自然哲学の数学的諸原理』（河辺六男訳、一九七一年、『世界の名著』二六）
ヒッポクラテス『古い医術について』（小川政恭訳、一九六三年、岩波文庫）
プラトン『エウテュプロン／ソクラテスの弁明／クリトン』（朴一功・西尾浩二訳、京都大学学術出版会、二〇一七年）
――『饗宴／パイドン』（朴一功訳、京都大学学術出版会、二〇〇七年）
――『国家』（藤沢令夫訳、岩波文庫、一九七九年）
――『ゴルギアス』（加来彰俊訳、岩波文庫、二〇〇七年改版）
――『テアイテトス』（田中美知太郎訳、岩波文庫、二〇一四年改版）
――『ラケス／リュシス』（生島幹三訳、一九七五年、岩波版『プラトン全集』七）
――『ラケス』（三嶋輝夫訳、一九九七年、講談社学術文庫）
――『リュシス／恋がたき』（田中伸司、三嶋輝夫訳、二〇一七年、講談社学術文庫）
――『ティマイオス』（種山恭子訳、一九七五年、岩波版『プラトン全集』十二）
――『ティマイオス／クリティアス』（岸見一郎訳、二〇一五年、白澤社）
ロック『人間知性論』（大槻春彦訳、一九七七年、岩波文庫）

日本の文献

井上哲次郎『井上哲次郎自伝』(『井上哲次郎集』第八巻所収、一九七三年、冨山房)
高野長英「西洋学師ノ説」(『崋山・長英論集』所収、一九七八年、岩波文庫)
夏目漱石「ケーベル先生」(『夏目漱石全集』第十巻所収、一九八八年、ちくま文庫)
西周『百学連環』(『西周全集』第一巻、日本評論社、大久保利謙編、一九四五年)
――「西洋哲学史の講案断片」、『生性発蘊』、『百一新論』(『西周全集』第一巻、宗高書房、大久保利謙編、一九六二年)
西田幾多郎「ケーベル先生の追懐」(『西田幾多郎全集』第十一巻所収、二〇〇五年、岩波書店)
――『無の自覚的限定』(『西田幾多郎全集』第五巻所収、二〇〇二年、岩波書店)
藤沢令夫『プラトンの哲学』(一九九八年、岩波新書)
――「価値としての科学と文化」(『藤澤令夫著作集』第六巻所収、二〇〇一年、岩波書店)
森鷗外『西周伝』(『鷗外歴史文学全集』一所収、二〇〇一年、岩波書店)
『羅葡日対訳辞書』(一九七九年、勉誠社)
和辻哲郎『ホメーロス批判』(一九四六年、要書房)
＊なお、この本の「ちょっと長い間奏――日本語で『哲学』」を構想するきっかけとなったのは、私が学生時代に読んだ、田中美知太郎の『哲学初歩』(岩波全書、一九五〇年)です。その本の最初のと

ころで、「哲学」という日本語の由来が説明されていたからです。簡潔な記述でしたが、基本的なことを教えられました。同書は、二〇〇七年に岩波現代文庫の一冊として復刊されています。
「ちょっと長い間奏」で私が言及した研究書は、島根県立大学西周研究会編『西周と日本の近代』（ぺりかん社、二〇〇五年）、および、麻生義輝『近世日本哲学史』（二〇〇八年、書肆心水、初版一九四二年、近藤書店）の二つですが、名古屋大学の金山弥平教授による次の研究論文からも貴重な情報を得ました。
Kanayama Y. "The Birth of Philosophy as 哲學 (*Tetsugaku*) in Japan" *Tetsugaku* 1, 2017, pp. 169-183
その他、上記のリストにあげられていない『哲学字彙』（井上哲次郎ほか編）や川本幸民の『気海観瀾広義』など、手に入りにくい文献については、国立国会図書館のウェブサイトにアクセスすれば閲覧できます。

＊また、第五話「作られた哲学史」で引用したヒューエルの『季刊評論』からの文章は、シドニー・ロスによる次の意義深い研究論文に負っています。
Ross S. "Scientist: The Story of a Word" *Annals of Science* 18, 1962, pp. 65-85
そして、第六話「哲学の終焉」、および第七話「これからの哲学——読むこと、対話すること、生きること——」で扱ったエアーの『言語・真理・論理』については、ペリカン・ブックスの、

Ayer, A. J. *Language, Truth and Logic*, 1971, Pelican Books (First published by Victor Gollancz, 1936)
を使用しました。*Language, Truth and Logic* については、吉田夏彦訳（A. J. エイヤー『言語・真理・論理』、一九五五年、岩波現代叢書）がありますが、エアーからの引用は、すべて私の訳によるものです。

＊最後に、エアーに対するブライアン・マギーのインタヴューからの引用は、
Magee, B. *Talking Philosophy: Dialogues with fifteen leading philosophers*, 1978, Oxford University Press
を使用しました。

＊以上ですが、これからどんな哲学の本を読もうかと、迷ったり悩んだりしている人もおられるかもしれません。そのような人には、やはり私はプラトンの作品をおすすめします。翻訳も多数出ています。もちろん、プラトンの本が気に入らなければ、他の哲学者の作品でもかまいません。面白そうだと思う本をぜひ手に取って下さい。ただ、『ソクラテスの弁明』などのプラトンの作品は哲学史の原点に位置するような作品であり、哲学に踏み込もうとすれば、いずれ一度はプラトンのものを読む必要があると思います。

　とりあえず、プラトンのものであれ、デカルトのものであれ、どれか一つ、多少むずかしそうに見えても、これなら読めそうだと思うものを手に取って、少しでもきちんと読むことが大切です。最後

まで簡単に読み通すことのできる哲学の本というのは、ほとんどないだろうと思います（プラトンの作品はおそらくその例外です）。

しかし哲学の場合、読み通すことが目的ではありません。哲学的な考え方に触れることが必要なのです。何を言っているのかわからないけれども、何か大事なことを言っているような気がする、こうした思いがするだけでかまいません。そこから哲学が始まるからです。哲学関係のいわゆる入門書のたぐいは、それからあとの話です。入門書は、哲学の場合、むしろ注釈書と言えるものだと思います。まずは作品の原物に触れること、ここから本格的な哲学は始まります。その魅力は尽きません。

何ごとも、ゆっくり急げ（Festina lente）、急がば回れです。みなさんの哲学の旅路が実りあるものになることを願っています。

あとがき

この本は、私の勤め先である大谷大学で、私が担当している哲学概論の授業を土台にして書いたものです。このような本を書こうとは夢にも思わなかったのですが、ある若者が話してくれたことがきっかけとなりました。その若者は音楽関係の仕事をしていたのですが、考えるところがあって、哲学関係の入門的な本を手に取り、読んだそうです。けれども、何を言っているのか、さっぱりわからなかったということです。私はこのような若者は、現在、ほかにもたくさんいるのではないかと思いました。私自身も、若いころ、哲学の入門的な本をいろいろと読んだ経験があります。役立ったものもあれば、そうでないものもあります。ただ、これは私が大学で哲学を専攻しようとしたときの話です。むしろ哲学が、哲学と関係のない仕事をするような人たちにとっても、実際にどのような有用性があるのかを考える必要性に、私は迫られました。この問題は切実です。哲学の本来の価値が問われるからです。

現在の大学では、哲学の文献研究がさかんです。読む、ということが対話であるなら、文献研究は哲学の重要な基礎作業です。それどころか、必須の作業とも言えます。私も長い間この作業にたずさわってきました。しかし、こうした研究の進展にともなって、二一世紀の現在、研究の細分化や解釈の累積が進行しているのも事実です。テーマや関心が異なれば、研究者間でも議論の相互理解がむずかしいような状況になっています。そうした議論は、まるで、プラトン村の話とか、ハイデガー村の話などと呼びたくなるほどです。もちろん、私の研究もその例外ではありません。このような哲学研究の現状とともに、哲学そのものが、専門外の人たちにとってはますます縁遠いものになってきているように見えます。同時に、哲学が痩せ細っていくようにも見えます。

もとより、哲学の扱う問題は私たちの人生に深くかかわる問題であり、大学のなかだけで論じられるべきものではありません。大学の外でも、さまざまな仕事や生活の場でも、大いに論じられてしかるべきものです。ただ、そのような場合にも、歴史の試練に耐えてきた哲学の文献を読む作業は欠かせないように思います。大切なのは読み方です。哲学的に価値のあること、考えるに値することを読みとらなくてはなりませんが、これがなかなか容易ではありません。

こうした事情を念頭において、あらためて哲学とはそもそも何であり、その価値はどこにあるのかを示そうとしたのがこの本です。私は、自分の専門が古代ギリシアの哲学ということもあって、哲学の歴史的な変遷を辿ることによって、このような問題に応答しようと考えました。内容をできるかぎりわかりやすくするために、また読みやすくするために、文体も「ですます体」にしました。この文体を、あえて認めてくださった京都大学学術出版会に感謝いたします。ともあれ、このような本が、大学で哲学を専攻せずとも、哲学に関心をもち、これから哲学関係の本や議論を少しでもかじってみようと思う方々の参考になり、多少とも役立つなら幸いです。

この本が成るにあたって、本のタイトルや構成についてなど、さまざまな助言をいただいた京都大学学術出版会の山脇佐代子さん、國方栄二さんをはじめ、編集部のスタッフの方々に厚くお礼申し上げます。また、この本の挿絵をこころよく引き受けてくださり、散文的な調子のこの本にかけがえのない魅力を添えてくださった、藤色ゆいこさん（大谷大学哲学科出身）にも心よりお礼申し上げます。

二〇一八年一二月

朴一功

人名索引

passim（あちこち）は本書の全体にわたって登場することを示しています。

事項索引

索引は網羅的なものではなく，特徴的な事項や著作名のみが取り上げられています。頻出する事項については，初出や主な箇所のページだけを示しています。

朴　一功（ぱく　いるごん）

大谷大学文学部教授

1953年　京都市生まれ。京都大学文学部哲学科卒、同大学院博士課程学修退学、博士（文学）。ケンブリッジ大学古典学部客員研究員、甲南女子大学人間科学部教授を経て、二〇〇五年より現職。専門は古代ギリシア哲学。座右の銘は、「自分のことをすること」（プラトン）。

【主な著訳書】

『西洋哲学史（古代・中世編）』（共著、ミネルヴァ書房）、『イリソスのほとり』（共著、世界思想社）、『魂の正義』（京都大学学術出版会）、翻訳として、アリストテレス『ニコマコス倫理学』（京都大学学術出版会）、『詩学』（新版『アリストテレス全集』18所収、岩波書店）、プラトン『饗宴／パイドン』（京都大学学術出版会）、『エウテュデモス／クレイトポン』（京都大学学術出版会）、『エウテュプロン／ソクラテスの弁明／クリトン』（共訳、京都大学学術出版会）など

学術選書

?👁! 哲学の話　学術選書 086

2019 年 2 月 20 日　初版第 1 刷発行

著　　者…………朴　一功
発 行 人…………末原 達郎
発 行 所…………京都大学学術出版会
京都市左京区吉田近衛町 69
京都大学吉田南構内（〒 606-8315）
電話（075）761-6182
FAX（075）761-6190
振替 01000-8-64677
URL http://www.kyoto-up.or.jp

印刷・製本…………㈱太洋社
装　　幀…………鷺草デザイン事務所
挿　　絵…………藤色ゆいこ

ISBN 978-4-8140-0187-3
定価はカバーに表示してあります

学術選書［既刊一覧］

*サブシリーズ「心の宇宙」→ 心 「諸文明の起源」→ 諸
「宇宙と物質の神秘に迫る」→ 宇

001 土とは何だろうか？ 久馬一剛
002 子どもの脳を育てる栄養学 中川八郎・葛西奈津子
003 前頭葉の謎を解く 船橋新太郎 心1
005 コミュニティのグループ・ダイナミックス 杉万俊夫 編著 心2
006 古代アンデス 権力の考古学 関 雄二 諸12
007 見えないもので宇宙を観る 小山勝二ほか 編著 宇1
008 地域研究から自分学へ 高谷好一
009 ヴァイキング時代 角谷英則 諸9
010 GADV仮説 生命起源を問い直す 池原健二
011 ヒト 家をつくるサル 榎本知郎
012 古代エジプト 文明社会の形成 高宮いづみ 諸2
013 心理臨床学のコア 山中康裕 心3
014 古代中国 天命と青銅器 小南一郎 諸5
015 恋愛の誕生 12世紀フランス文学散歩 水野 尚
016 古代ギリシア 地中海への展開 周藤芳幸 諸7
018 紙とパルプの科学 山内龍男
019 量子の世界 川合・佐々木・前野ほか編著 宇2
020 乗っ取られた聖書 秦 剛平
021 熱帯林の恵み 渡辺弘之
022 動物たちのゆたかな心 藤田和生 心4
023 シーア派イスラーム 神話と歴史 嶋本隆光
024 旅の地中海 古典文学周航 丹下和彦
025 古代日本 国家形成の考古学 菱田哲郎 諸14
026 人間性はどこから来たか サル学からのアプローチ 西田利貞
027 生物の多様性ってなんだろう？ 生命のジグソーパズル 京都大学総合博物館 京都大学生態学研究センター編
028 心を発見する心の発達 板倉昭二 心5
029 光と色の宇宙 福江 純
030 脳の情報表現を見る 櫻井芳雄 心6
031 アメリカ南部小説を旅する ユードラ・ウェルティを訪ねて 中村紘一
032 究極の森林 梶原幹弘
033 大気と微粒子の話 エアロゾルと地球環境 笠原三紀夫 東野 達 監修
034 脳科学のテーブル 日本神経回路学会監修／外山敬介・甘利俊一・篠本滋編

035 ヒトゲノムマップ　加納 圭
036 中国文明　農業と礼制の考古学　岡村秀典　諸6
037 新・動物の「食」に学ぶ　西田利貞
038 イネの歴史　佐藤洋一郎
039 新編 素粒子の世界を拓く　湯川・朝永から南部・小林・益川へ　佐藤文隆 監修
040 文化の誕生　ヒトが人になる前　杉山幸丸
041 アインシュタインの反乱と量子コンピュータ　佐藤文隆
042 災害社会　川崎一朗
043 ビザンツ　文明の継承と変容　井上浩一　諸8
044 江戸の庭園　将軍から庶民まで　飛田範夫
045 カメムシはなぜ群れる？　離合集散の生態学　藤崎憲治
046 異教徒ローマ人に語る聖書　創世記を読む　秦 剛平
047 古代朝鮮　墳墓にみる国家形成　吉井秀夫　諸13
048 王国の鉄路　タイ鉄道の歴史　柿崎一郎
049 世界単位論　高谷好一
050 書き替えられた聖書　新しいモーセ像を求めて　秦 剛平
051 オアシス農業起源論　古川久雄
052 イスラーム革命の精神　嶋本隆光
053 心理療法論　伊藤良子　心7
054 イスラーム　文明と国家の形成　小杉 泰　諸4
055 聖書と殺戮の歴史　ヨシュアと士師の時代　秦 剛平
056 大坂の庭園　太閤の城と町人文化　飛田範夫
057 歴史と事実　ポストモダンの歴史学批判をこえて　大戸千之
058 神の支配から王の支配へ　ダビデとソロモンの時代　秦 剛平
059 古代マヤ　石器の都市文明［増補版］　青山和夫　諸11
060 天然ゴムの歴史　ヘベア樹の世界一周オデッセイから「交通化社会」へ　こうじや信三
061 わかっているようでわからない数と図形と論理の話　西田吾郎
062 近代社会とは何か　ケンブリッジ学派とスコットランド啓蒙　田中秀夫
063 宇宙と素粒子のなりたち　糸山浩司・横山順一・川合 光・南部陽一郎
064 インダス文明の謎　古代文明神話を見直す　長田俊樹
065 南北分裂王国の誕生　イスラエルとユダ　秦 剛平
066 イスラームの神秘主義　ハーフェズの智慧　嶋本隆光
067 愛国とは何か　ヴェトナム戦争回顧録を読む　ヴォー・グエン・ザップ著・古川久雄訳・解題
068 景観の作法　殺風景の日本　布野修司
069 空白のユダヤ史　エルサレムの再建と民族の危機　秦 剛平
070 ヨーロッパ近代文明の曙　描かれたオランダ黄金世紀　樺山紘一　諸10
071 カナディアンロッキー　山岳生態学のすすめ　大園享司
072 マカベア戦記㊤　ユダヤの栄光と凋落　秦 剛平

073 異端思想の500年　グローバル思考への挑戦　大津真作

074 マカベア戦記㊦　ユダヤの栄光と凋落　秦　剛平

075 懐疑主義　松枝啓至

076 埋もれた都の防災学　都市と地盤災害の2000年　釜井俊孝

077 集成材　〈木を超えた木〉開発の建築史　小松幸平

078 文化資本論入門　池上　惇

079 マングローブ林　変わりゆく海辺の森の生態系　小見山　章

080 京都の庭園　御所から町屋まで㊤　飛田範夫

081 京都の庭園　御所から町屋まで㊦　飛田範夫

082 世界単位 日本　列島の文明生態史　高谷好一

083 京都学派　酔故伝　櫻井正一郎

084 サルはなぜ山を下りる？　野生動物との共生　室山泰之

085 生老死の進化　生物の「寿命」はなぜ生まれたか　高木由臣

086 ？◉！　哲学の話　朴　一功